我的青春我的梦
全国中学生校园美文精品集萃丛书

长空万里，水随天、去无迹

只为了那一眼
蔚蓝色的海

《中学生博览》杂志社 选编

时代文艺出版社

图书在版编目（CIP）数据

只为了那一眼蔚蓝色的海 / 《中学生博览》杂志社选编. —长春：时代文艺出版社，2018.8（2023.6重印）

（"我的青春我的梦"全国中学生校园美文精品集萃丛书）

ISBN 978-7-5387-5720-0

I . ①只… II . ①中… III . ①作文－中学－选集 IV . ①H194.5

中国版本图书馆CIP数据核字（2018）第004269号

出 品 人　陈　琛
产品总监　郭力家
责任编辑　李荣崟
装帧设计　李　斌
排版制作　隋淑凤

只为了那一眼蔚蓝色的海

《中学生博览》杂志社　选编

出版发行 / 时代文艺出版社

地址 / 长春市福祉大路5788号　龙腾国际大厦A座15层　邮编 / 130118

总编办 / 0431-81629751　发行部 / 0431-81629758

官方微博 / weibo.com / tlapress

印刷 / 北京一鑫印务有限责任公司

开本 / 700mm×980mm　1 / 16　字数 / 153千字　印张 / 11

版次 / 2018年8月第1版　印次 / 2023年6月第5次印刷　定价 / 34.80元

编　委　会

目 录

我想成为你这样的人

那句说不出口的话

只为了那一眼蔚蓝色的海

无非求碗热汤

　　氤氲的热气里，我时常拿着勺子守在旁边，美食缔造的过程像极了生活，晚点的车、迟到的人都像这电饭煲上的跳闸一样，总会"叮"的一声响起，轻声跟你说句"好久不见"。而在这等待的过程中，不如静静地坐下来给自己做一碗饭、熬一碗汤，这世间最不可辜负的是美食，最不可亏待的是自己啊。

　　来吧，坐下来，让我为你烹饪一碗热汤或是沏上一壶好茶，赶路的这些年辛苦你了。享受这片刻的温暖，然后继续前行吧。

就算黑夜太漫长

zzy 阿狸

回头看看，踏入大学一个多月，这意味着我离开高中校园已经快四个月了。

是不是一名合格的大学生我不敢说，但大学生活与我想象中的相去甚远。

书架上新买的小说塑料包装还没来得及拆，高数作业还没有做，手机待办事项里还提醒着我周日要去校本部社团交流、每天坚持练吉他一小时、周一晚上拓策部例会要去蹲点……

我的朋友圈里一直在疯转一句话：我想回去高三休息一下。

别笑，我真的没逗你。

有时候忙里偷闲会打开企鹅看看大家的留言。《中学生博览》上有一个正在念高三的当红作者，以及很多正在准备中考或者高考的小读者，他们有时候会找我倾述学习上的困境、心情的低落和自我的迷失。每当这时候我会立马从嬉笑模式切换为心灵鸡汤师，把我这些年喝的鸡汤都重新熬一次给他们喝，换来他们一句情真意切的谢谢。他们最后都会附上一句："真羡慕你现在的生活啊，成绩又好，还考上了自己理想的学校与专业。"

往往这时，再怎么驾轻就熟的我都会变得不知所措。我在心里偷偷地问自己，这真的是我理想的学校与专业吗？

毫不害臊地说，我本来想考的是暨南大学的建筑系。为了实现这个远大的目标，我曾给自己制定了一份理想成绩单：语文一百三十分，数学一百二十分，理综二百五十分，英语一百三十分。然后认认真真地把目标誊写在各科的笔记本上不断地提醒自己要鼓足干劲儿向前冲。下课除非上厕所，否则绝不挪屁股，压榨午睡时间看书，晚上赶在宿舍熄灯前多记几个单词……

而你们都知道，这种热血沸腾的冲动往往几天就会夭折。接着又被打回原形懒懒散散地被老师牵着鼻子走。

但可以肯定的是，我也会像所有人一样被各种小测、周测、月考和模拟考的成绩牵动着喜怒哀乐，考得好就开心得飞起来，考砸了就板着一张黑脸自己生闷气。

偷偷告诉你两件事吧。

第一件事是发生在离高考仅剩三十天左右的时候，那几天我精神崩溃，不断地问自己高考的意义是什么，考得好或者考得差又有什么关系。那么多人没有经历过高考甚至没有读过高中，可他们依然活得身上每一个细胞都精彩万分。

那几天冷空气入侵，天冷得要命。某天头两节课全班统一练习物理选择题，教室里安静得只剩下涂答题卡的声音，我实在做不下去，假装肚子疼逃了一节课。

我跑去三楼，躲在一个黑暗的角落里哭。觉得自己快要压抑得喘不过气来，想拎起挎包直接回家抱着番姐说不读了。

第二件事是发生在某次模拟考成绩公布的时候，该错的、不该错的都错了，结果毫无意外地考砸了。那天晚上举行的班会，全班合唱《Shall We Talk》。我一个人跑上楼顶抽抽搭搭地给自己唱《平凡之路》："我曾经跨过山和大海／也穿过人山人海／我曾经拥有着的一切／转眼都飘散如烟／我曾经失落失望失掉所有方向／直到看见平凡才是唯一的答案……"

我一边唱一边给自己打气："×××，你要撑住啊，一切都会越来越好的，别哭。"

你看，在你们眼中很棒很棒的、给你们写过那么多文章熬了那么多鸡汤的阿狸也会很冏很冏地哭。

每当这种时候，我就会像我笔下的张茉莉一样在无数个日日夜夜仰头问天："命运啊，你的大手啊，什么时候摸一摸我啊？"

但命运从来不说话，它一言不发地看着你掉眼泪看着你闹。

但它从来不会放弃你，真的。

它在最难熬的岁月里给了我一群陪我疯、陪我胡吃海喝的小伙伴，始终没把我送去精神病院；给了我六个很优秀的科任老师，时刻想办法帮我提分；给了我很多过稿的机会，整个高三不过稿率几乎为零；给了我爱我如生命的番姐和江叔，在所有人关心我考得好不好的时候，他们却说如果压力大就申请去普通班读，家里不愁吃不愁喝还养得起你；给了我很多支持与鼓励我的读者与作者，他们坚持不懈地跑去我空间留言给我打气；也给了我一段刻骨铭心的感情，即使现在早已不再联络，但至少那时我们曾相互取暖彼此安慰。

我可以很骄傲地说，那时候的自己是全世界最幸福的人。

如果时空可以穿越的话，我想跑上楼顶摸摸那个大男孩儿的头，告诉他没关系的，你想要的，命运都会悉数给你。

分数出来前我曾在空间转发过一条说说："无论你考了多少分，能不能去你想去的学校，都不用担心。你能去的地方，一定会带给你预想不到的惊喜，你会遇见一些人，觉得相见恨晚，遇见你该遇见的，接受你不能改变的。高考的迷人之处，不是如愿以偿，而是阴差阳错。"

那时我没想太多，只觉得这碗鸡汤不错，味浓鲜美。

最后高考成绩出来，只有英语远超预计分数，拿了单科全市第四，其他三科都没达标。更有意思的是我来到了华南师大，而校本部恰好在暨南大学对面。

当我穿着很不合身的军训服接受阳光的检阅时，远在中山的矫情小姐由于录取结果不满意终止军训擅自跑回去复读。那天晚上我回到宿舍才知道这个消息，我急得连发了很多段语音给她："你疯了吗？你以为高考你出题啊？明年改用全国卷了你难道不知道吗？""明年别说考1A，我担心2A都难上。""还不赶紧联系你的辅导员，看看有没有回去的机会！"

矫情小姐很久没有回复我。

临睡前她发了一段文字给我："我知道我一直都畏畏缩缩，我知道我的物理只有四十分，但在中山的生活不是我想过的生活，我想再给自己一次做梦的机会，就算最终被命运打败，我也想爬起来再奋战一场。"

我毫无准备地湿了眼眶。

我开始认真打量我们现在过的生活。我来到了暨大旁边的华师念一个文科专业，她重新与高考一决胜负，这些又算不算是阴差阳错呢？

但我隐约感觉到，我和她未曾设想过的前方正有着无数预想不到的惊喜和所有该遇见的人在等着我们。

我们各自的命运此刻正散发着令人着迷的光芒。

因为执着，因为心里还有梦想与爱。

而此刻站在高考这座独木桥这头的我想和另一头的你们说的是，就算黑夜太漫长，也要像矫情小姐一样用尽全力去奔跑去追逐，去珍惜去爱，就像不曾受过伤一样。

即使受了伤，伤口也会结疤，最后成为你最耀眼的勋章。

你需要做的只是，一直跑，别怕跌倒，别回头。

005

无非求碗热汤

盛一隽

我是从2015年暑假开始捣鼓美食的，每日爱对着菜谱加上自己的奇思妙想折腾出一堆他人眼中的黑暗料理，然后自顾自地欣然打开聊天框把照片一一发出去。是的，那时候的我还没有多热衷于朋友圈的互动，生活的琐事只爱和一个人分享，姑且叫他C君吧。

C君向来是好脾气，面对一团乱糟糟的图片也能很认真地夸赞我，他说我是一个好玩儿的人。那时的我正逢百无聊赖的假期，家中仅剩我一人，日日做出的东西无论好坏都仅由我一人享受。制作美食无疑是治愈的过程，可他们却忘了告诉你，这也是孤独的征途。所以那时候有C君陪伴的我倒显得无忧无虑，一人食、两人享，听上去就是很不错的事情。

我常常和他分享我的想法，他夸我的脑袋里尽是五颜六色的小主意。偶尔几个奇怪的点子也能逗乐他，发来语音不断大笑着。我告诉他做菜的步骤也时不时得到鄙视，他向来是家中的好帮手，厨艺比我也不知高了多少。不甘心之余只好认真与他争辩，很严肃地告诉他以后我才不要洗碗，他答应然后又是一顿善意的嘲笑。

那时候的我们从琴棋书画诗酒花中抽离，与现实紧密相拥，回归于柴米油盐的琐碎，天真地相信许下的诺言就会持久，说着的永远也一定会到达。

日子过得缓慢而悠长，可却没人告诉我们，平静过后隐藏着巨大的浪潮。

刚开学的时候我便和C君断了联系，看似安然无恙的我在每个深夜抱着玩偶哭泣，悲伤席卷而来也不敢太过张扬，只好披着被子呜咽。那段时间对于食物的要求自然淡了很多，时常吃上几口便回了宿舍，整个人处于抑郁的状态难以自拔。友人看不过眼又无法劝阻，只好拉着我一遍遍吃着同样的美食。不知是食物的力量过于强大，还是受身边人"受困于过往者不得出路"的劝导，我慢慢从这段经历中走了出来。而后也有不错的男生相邀，吃了好几日的圣代也终于放弃。身边人不解，爱询问一句为什么。我笑而不语也给不出具体的答案，大概是因为回归正常生活后，味蕾对于食物的要求过高，做不到暂时的将就。那么，对人，也自然是如此。圣代纵然美味甜蜜，可终归是生活的点缀上不了台面，我更爱的还是莫过于普通的一碗米饭。

秉持这个观念，我开始在宿管阿姨的眼皮下打游击战，偷偷从超市运来粮食给自己烹饪美食。偶尔是鲜香养人的青菜瘦肉粥，也有重口味的火腿腊肠焖饭，时不时来个馊主意也能做上一碗叉烧酱熬小米粥。我沉溺于自己的美味中，渴望用它打造自己的世界。

氤氲的热气里，我时常拿着勺子守在旁边，美食缔造的过程像极了生活，晚点的车、迟到的人都像这电饭煲上的跳闸一样，总会"叮"的一声响起，轻声跟你说句"好久不见"。而在这等待的过程中，不如静静地坐下来给自己做一碗饭、熬一碗汤，这世间最不可辜负的是美食，最不可亏待的是自己啊。

来吧，坐下来，让我为你烹饪一碗热汤或是沏上一壶好茶，赶路的这些年辛苦你了。享受这片刻的温暖，然后继续前行吧。

莫愁前路无知己，天下谁人不识君。

我有一壶酒，足以慰风尘

苏　意

我坐在灯光下，就好像坐在世界中心，周围都是海洋，将我密密地包裹，几乎窒息，喘不上气，我以为我要死了，可是我还活着，苟延残喘，残喘苟延。

我想要两个西柚

最近天气不错，阳光温柔地洒满了小城大地。隔壁阳台上种的花开了，一簇一簇挤在一起，颜色鲜艳，特别美丽，也特别妥帖。春风拂过脸颊，仿佛可以听见植物勃勃生长的声音。

闺密给我留言：春天来啦，该起床啦。

我看着那些可爱的字眼儿忍俊不禁，恨不得跳到对方面前，结结实实地揍她们一顿。可是这个想法一跳出脑袋，嘴角的笑便沉了下去，太远啦，好像许久许久没有见过了。那些熟悉的名字静静地存在那里，我伤感地发现，横亘在我们面前的，也许不是时间，而是距离。

小房间向阳，清晨的阳光透过阳台门洒进来，洒在黄木漆的木桌上，顷刻便点亮了那一桌的凌乱。

厚厚一摞实体小说，有些被翻阅过无数次，有些还是崭新的。厚厚一摞古典名著，前人提笔写下宏伟的故事，未承想过会被后人传唱不衰。而我知道，随意翻开其中一本，都能够在里面找到我们共同的记忆，也许乱七八糟，也许文艺到不行，也许在某个角落偷偷写下了曾经心仪的男生的名字缩写……离开家时，我坚持要把这些书籍带上，因为一点一滴，一笔一画，都弥足珍贵。

桌上放着一只彩色笔筒，蜡笔五颜六色，一支都没用过。桌上摊开了一本线装笔记本，潦草的笔迹写着稚嫩的故事，笔下的人物缥缈又亲密无间。白墙上贴满了便利贴，其中一张格外显眼，大红色的笔迹，High School Love On（高中罗曼史）。最底下不知被谁写上了什么，我走过去摘下来。

我们终究是错过了。

这个好看的字迹，只需一眼便能猜出是谁所写。我默默看了一会儿，最后还是拿起笔，将它缓缓涂掉。

我始终无法接受我缺席了你高中所有喜怒哀乐的这件事情，只要想想，便难过得不行。

我们就这样，散落在天涯。

009

好久不见

最近发生了一件很神奇的事情，我曾经的QQ，因为设备锁等原因，许久不能登录，但在某一个契机下，居然成功登上去了。我看着跳转的页面不可思议了好一会儿，确定以后，激动得跳了起来。

QQ丢失的时候，我难过了非常久。理由也很肤浅，那个QQ等级高，联系人多，各种舍不得，那一段时间简直生无可恋……

可是刚一找回，我就手足无措了。接近两百多个联系人头像亮着，列表蔚为壮观。可是哽在喉咙里的那一句"我回来啦"却不知道要发给谁。

好朋友在发现你不见后会主动找到你，QQ等级可以重新挂高，丢掉的资料大不了就再做一份，它毕竟存在于你的脑子里……

有那么一瞬间，看着列表，我只觉陌生，再也没有了开始时的激动。

平淡生活里的乏味孤独

今天过得很充实。早起自己磨了豆浆，煎了两个鸡蛋，我尝试将它们煎成心形的，结果失败了。在白球鞋上涂鸦了一朵花，丑得要命。

在阳光下背了两首诗，看了两篇故事，和好友絮叨了最近的生活，相互吐槽相互打气。黄昏时的阳光微弱得可怜，在天台等了一场日落，冷风吹过来，眼睛有些酸涩。

妈妈说：想家了就打电话，我手机二十四小时不关机的。

可是久而久之，我发现，打电话其实一点儿用都没有，听着那头熟悉的乡音，更想家了。

夜深，回到房间，开灯，低头写东西时，看着笔下的人物，忽然觉得心里缺了一块，好像有风吹过，伤口"嘶嘶"地疼。眼泪莫名其妙地掉下来，拿过桌上的冰水就往嘴里灌，我需要简单直接的刺激来缓解这种疼痛。

我坐在灯光下，就好像坐在世界中心，周围都是海洋，将我密密地包裹，几乎窒息，喘不上气，我以为我要死了，可是我还活着，苟延残喘，残喘苟延。

外面，星子闪烁。

她们说，会好的，你再等等，会好的。

这样子的话，我说服不了自己相信，太远啦，眼前好像有迷雾，走好久也走不出去。

有时候也会觉得莫名地难过，我只是想找个人说话呢，就像我们也曾聊到夜深一样，胸腔里是最真切的滚烫的勇往直前无所畏惧的勇气，而不是如今，多说一句都怕打扰了人家。

给别人留言。她回复，你最近怎么样？

很好！好吗？

不太好？在别人看来也许是挺好的。

最后还是逐字删除，退出，算了。

白茶，清欢，无别事。

无非求碗热汤

萤火虫装满笼的灯光

夏南年

不知道从什么时候起，网上开始流行"小确幸"这个美好的词，翻译过来，应该是小小的、确定的幸福。

只是念一遍，好像就会觉得心中有颗太阳的种子微微地发芽，之后又觉得这种美妙的词语该有许多个同义词，比如暖光，温暖的光芒，像月光一样遥远也好，像午夜梦醒时分飞快拧开的台灯也好，总有一束光亮直抵心房。最近，就常常会想起这些词。

1

收到小艾姐给我寄来的快递时已经入夜，我兴奋地扔下手中成套的让我焦头烂额的试卷，满心欢喜溢于言表，偷偷把房门半掩，不太会感谢的我还是给她发去了许多句的谢谢。快递里是几本我一直想攻却找不到感觉的杂志，和一本我从小就喜欢的作家的签名书。

其实这些东西，来得无比简单。

只是无意中看到小艾姐在作者群里发第二日采访的计划，在我惊呼那个作家是我一直很喜欢的充满少女心的作家，再把窗口退回到新更新的电视剧时，微信的消息提示框就跳了出来，小艾姐跟我说："明早只是去宾馆采访，晚上她的签售会我应该会去，到时候如果时间来得及，我帮你要一本签名书。"

我是个略有悲观的人，会为期盼的事情想一千万个阻止它来到我面前的理由，怕自己希望太多就会失望更多，可是那一刻，我心里的满足感几乎爆棚，我不停地说谢谢。第二天小艾姐就要了我的地址，还顺便发来了签名书的扉页，我的，是特意给我签的，和别人的都不同。

之前小艾姐得过一个挺厉害的儿童文学奖，和阿拉蕾姐姐采风时相处过一段时间，晚上她说了我喜欢的事和我的年龄，最后换来阿拉蕾姐姐满满一面记号笔的签名，暖到了心里。

在点开图片的那一瞬间，我内心的情绪如日暮时开始上涨的潮水般汹涌，我不是个擅长表达感谢的人，更何况本身也无以为报，有点儿矫情地说，那一刻我反反复复在心中想，何德何能换来远方的你们温柔以待。

我不知道有多少人能理解一本签名书带给我的喜悦。我生活的地方是一个三线小城市，所有的签售会、演唱会、舞台剧都与我无缘，喜欢的作者一大堆，于是经常做的事情就是看着那些作家签售会的地点垂涎幻想，可是到我十七岁时，拥有的唯一一本签名书是在小学不知道童话为何物时，全校组织的郑渊洁签名活动，我连他的光头都没看到就拿着签好的书被推推搡搡、踉跄着走出人群。

然后大家一起围着看扉页上那个酷似数字2008的签名，心想这个作家一定十分爱国，那一年正巧是北京申奥成功的日子。

你渴望的东西都会在以后得到，这句话一点儿都不假，几个月前友人从北京寄来辛夷坞的一套签名书，收到小艾姐的快递后，一个姐姐又问我要了地址去了我最爱的作家签售会。小时候看《牧羊少年奇幻之旅》，最经典的那句话后来好像被很多人说成墨菲定律，当你非要想做一件事时，全世界都会来帮你。

其实这句话说得也不全对，有时候也需要一点儿努力和运气，比如他们，全都是这几年在写字时慢慢遇见的良人。

沐夏是和我为同一本杂志投稿的作者，她生性冷淡，我们相识的经历却很特别。

她主动加了我的号，寥寥几句便草草收尾。于是我对她仅有的印象是，她妹妹在某天看了登照片的合刊后问她："老姐，你还有某某某这个笔名吗？"正巧那是我的笔名。

沐夏真的很寡淡，大概写字的都有自己的内心世界，我们再也没有交集，才显得她突然而至的邮件像一盏黑夜的灯，一不小心便让我异常感动。

那天我情绪落入了谷底，关于很多事和一些人交谈，原本想寻求到些许慰藉，却弄得自己郁郁寡欢。加上家中持续不断的争吵，我一边刷题一边用手机打了两三页的文档，截图发到了空间，任由情绪趁着夜色充满负能量，于是第二天邮箱里就多出了沐夏发来的邮件《亲爱的童话镇镇长》。

我莫名其妙地点开，看到沐夏条条框框说着关于我的一些小细节时愣了半晌，我想原来有人会无意中记得我的喜好，比我的至亲更了解我——

"你本人，和你的文字有一种矛盾的差异感。或许说，有两个你吧。一个温暖如春，一个寂凉如冬。你会发一些语无伦次的抱怨，会写一些可爱的儿童诗歌，有时候垂头丧气，有时候激情满满，对一些'转发就会有好运的'说说有一种莫名的偏执。

"很多看不惯的东西啊，对生活很多东西都不满意啊，但偏偏又对未来满怀希望和憧憬。心情就像是过山车，起起伏伏。该怎么说呢，毫不掩饰的你，努力向上的你，有一天会得到自己想要的一切的。

"这个世界没那么美好，但也没那么糟糕。亲人不是自己可以选择的，但是朋友和以后遇见的人可以是。

"写一封邮件给你。亲爱的童话镇镇长。"

我不是个严格意义上的好女生，比如我常常会气急败坏地骂人，看到下面的评论也会突然让我冷静。而我最希望的，其实是有个人能陪我一起骂人宣泄愤怒，别让我觉得我的事儿都不是事，或者像沐夏这样也能让我静下心来好好微笑。

其实那天，还有一个人也为我一时莫名的悲伤发来了很长的话，他说："有我能帮到你的就跟我说，我知道你是个很好很好的女孩儿，所以能帮的一定要帮。太阳注定要辉煌，当她准备好的时候，黑暗的宇宙都挡不住她的光。希望你像太阳一样坚强，像太阳一样燃烧！"

语言的力量在这一刻一点儿都不单薄，虽然时至今日我都没有回复他们，但他们真的像遥远又闪耀的星空，明亮如灯，我们生来这世上，其实最想要的是别人的关心与在乎。

我想我会好好的，总有黑夜要一个人走，也总有人做你的灯盏。

3

最近一直在思考距离感的问题，我在网上认识的人很多，有的人已经升级成了现实中的好友，我们互相送给彼此喜欢的书，逢年过节发红包，分享生活中细碎的点滴，体会着来自远方那份温暖的陪伴。

而我身边几乎全部的人，对于这份他们并没有体会过的感情抱着无比巨大的质疑。网上的骗子多啊，你们肯定会见光死，现在可以交心是因为距离产生美。可是真的是这样吗？

龙姑娘在我不开心的时候给我发小红包，买书时顺带着给我买，我收不到的样刊也快递给我，前两天我刚给一个很喜欢的妹妹买了一套大爱的童话，她发来短信告诉我连她弟弟也一起拿去看了，并设想了种种我们相见时的美好。

感情这种东西如人饮水，哪些人真心实意一定可以分辨，而我想，契合是因为我们的相似。每个人身边的挚友通常只是个位数，网上人山人海，能遇见并相见恨晚的更是寥寥无几，凡是时光过滤下的，都是良人。

　　我承认下课时和我一起去食堂、去操场、去收发室的只能是身边的好友，我黑她们喜欢的明星是老男人，我们一起叽叽喳喳说班主任的坏话。但我也喜欢不过稿的时候和龙姑娘抱怨，在高铁站的书店无意中翻到一本温暖的书，推荐给她后两个人一起感动得落泪。想买东西时再和另一个人查卡盼望着稿费，互相炫耀过稿又一起因为写不出而闷闷不乐，也能聊学习，但更多的，是我们共同喜欢的事物。

　　生活中遇见的人有环境牵连，而网上遇见的人，只是因为我们喜欢着同样的事物，如果相见，还是能无比的契合，不是吗？

　　就像我生命中这些看似细微的小温暖，汇聚起来就像夏夜的萤火虫装满笼变成了一盏灯，这些那些，全是他们给我的爱。

寻 人 旅 行

骆 阳

这些年，做过的最疯狂的事，我想了一想，无非就是那年夏天，我坐一天一夜的火车去南方见个姑娘。

高考前脚儿结束，我后脚儿就跑去火车站买了票。长白山和长江三角洲的距离对于大多数人来说一班飞机就能抵达，可对于我来说那却是宇宙罅隙、山间鸿壑，看似一步咫尺，实则难以跨越。

我不是个普通人，对于那个姑娘来说——至少我自己这么认为。

一路上，绿皮火车轻微晃颤，树影中穿梭，跨过光影与山河。我听着情歌，眼望着远方，幻想千万次我与姑娘再次相遇的情景。初夏的风，灌醉旅人，谁人昏昏欲睡，谁人心脾芬芳。

下了火车，进了隧道。地铁逐渐驶出市区，抵达郊区时，车窗外已然夏意浓浓。颓圮的墙上有密密匝匝的藤，殷红的花蕊点缀着一片深绿。行踪不定的野猫偶尔看一眼远处开来的钢铁怪兽。

这就是南方，在北方还在胚芽生绿时，它就已经姹紫嫣红。

我们似乎差了好几个世界，我却不知道为何如此迷恋她。她穿着长裙，站在地铁口对面的街上。微风拂过，我的心醉得离谱，我觉得她来自另外一个维度，我不想受伤，更不想一无所获，我低着头走向她。就是那个姑娘，我居然低着头向她走过去，可阳光依旧灼伤了我的眼睛。

我知道她不喜欢我，现在不会，将来也不会，要问我为什么如此笃定，我也不知道。

窗明几净的小餐厅里，我坐在她的对面，桌上几道辣菜，如今我也忘了是川菜还是湘菜。我夹了一个鹌鹑蛋放进嘴里，又夹了一个鹌鹑蛋放进嘴里，姑娘看我夹了两个鹌鹑蛋，就以为我喜欢吃鹌鹑蛋，于是她也往我的碗里夹了一个鹌鹑蛋。

说实话，我挺感动的，可是我根本不喜欢吃鹌鹑蛋，只是因为那道菜离我近而已。在十分紧张的状态下，我抠着手上的"倒戗刺"，突然想起几个月前的自己。

那时候我还在备战高考，天天累得像条狗不说，还要忍受着思念带来的折磨。周末我叫上兔子和我一起去给那姑娘买礼物，兔子问我不年不节不生日买什么礼物，我说钱烧的你管不着。兔子听我这么一说就气鼓了，当即把我领到了一家韩国店。在这个一双筷子都要卖二十多块钱的店里，我居然心甘情愿地买了一箱子东西。兔子看上了款补水面膜，我没有出钱，兔子也不让我出，她说："我知道你追她追得心灵和经济都快要破产了。"我说："那你能给我两张吗？我也想感受一下这二十块钱一张的面膜。"

在我还在回忆的时候，姑娘一句话把我拉回现实，她直截了当问我什么时候回去。我忘了接下来我说了什么，亦忘了她说了什么，因为那时候，我说的言不由衷，她说的我不想听。

只记得后来，上海下了很大的雨。我被困在网友何大军的宿舍里，何大军在漏雨的农民工窝棚里煮火锅，脏兮兮的床被雨水打湿了一半。屋檐下的我无精打采，看着雨水顺着树叶垂垂滑落。何大军喊着："阳子你干啥呢？快过来吃！肉都熟半天了！"

让我感到意外的是，在我和何大军一起吃火锅的时候，大雨突然停了，一束阳光浅浅地射在了何大军的床头上。

姑娘在这时候出现了。

我彻底丧失了理智，清风划过脸庞，我走上前牵住姑娘的手，姑娘的脸红成一道霞。何大军还在不锈钢盆里打捞着金针菇，那难度不亚于在阴暗潮湿的生活里寻找一段麻辣而又爽口的爱情。

姑娘把我拽到茂盛的梧桐树下，我和天上的积雨云一样膨胀。姑娘说："你什么时候回去？"我说："你什么意思？"姑娘说："你这几天回的话我可以送你，过两天我要去香港了。"

这时候，我居然又莫名其妙地想起了几个月前的自己。那时候我在备战高考，我痛下决心一定要考去上海，每当我忍不住睡下去的时候，坐在我前面的兔子都会毫不留情地掐醒我。我记得她的样子，大大的眼睛，白白的脸蛋儿，两个浅浅的梨窝儿……张着血盆大口，露出大板牙冲我喊："骆阳！你不考上海了啊！赶紧起来复习！"

我始终没能搞懂自己当初为什么一眼就迷上她，我始终是没学会如何解数学卷子上后几道大题。所以我知道我根本考不到上海，所以我也只能在这个可以疯狂一下的时间段来看一下总是出现在梦里的她。喜欢是一个谜题，在青葱年华，让人过目不忘。

我跟姑娘说，我什么时候走跟你没有半毛钱关系，你什么时候去香港，同样跟我也没有关系。我折回何大军的宿舍，取出了何大军的自行车。姑娘问我干什么，我说去看海。

文艺病上身的时候，连我自己都不知道我自己在干什么。

姑娘说我不可能骑去海边，姑娘说过会儿还有特大暴雨。何大军说千万不要带人，这台车的后车圈容易变形，何大军还说，这是他目前为止最值钱的东西，千万不要带人。

"你这猪头，我带啥人呀，我在上海就认识你！"说完，我骑着自行车就出发了。

莘庄到奉新，走走停停，一路上罡风碎雨，一路上花果锦簇，这些南方乡下的景色，对于北方的我来说，足可以迷醉心灵。五个半小时后，我终于看到了大海。

一个人的海，无论多么汹涌澎湃，都是风平浪静。你也可以倒过来说，一个人的海，无论多么风平浪静，都是波涛汹涌。这些都是无所谓的事，只要你懂我的意思就好。

返回的路上，暴雨来袭，我扯出自行车后座上的雨衣披在身上。在雨里，视线一片错乱，我不想哭也不想笑，就那样麻木地在混沌之中猛蹬。

那时的我，其实是痛苦的。千里迢迢跑去见个姑娘，然后被噼里啪啦一顿暴击，或者说自己一通胡思乱想，总归是不太好受，远没有窝在家里看电影吃雪糕爽。

垂垂老矣的两位老人，老头骑着单车载着老太在渐渐弱下来的雨里赶路，我在后面，被秀了一脸。这样一来随之文艺起来，类似于"我能想到最浪漫的事，就是和你一起慢慢变老"这样的歌词纷纷涌入脑海。

路边有卖瓜的，是哈密瓜还是甜瓜我给忘了，只记得是黄色的，我停下自行车左右挑选。摊主是个安徽的小姑娘，她看我的眼神始终带着一种疑惑，就好像我是个从不产瓜星球跑到地球买瓜解馋的难民。

"雨时大时小／所以我有时会很帅／我载着沉甸甸的大黄瓜／是我给你的爱……"

在西渡口的时候，我吟唱这样的诗歌。到了市区，把黄色的瓜交给姑娘，我就踏上了北上的火车。

临行前，我要跟姑娘来个合影，姑娘说留有遗憾才会显得美。这句话我第一次见她时她就说过，所以我一直以来就知道她是个挺拧巴的人。

其实我高考那年数学最后的大题特简单，我一看简直笑开了花，写得满满当当，简直要考一百八。

我跑出考场，给姑娘打电话，兴奋地说，我可以考入上海了。姑娘说了些什么我忘了，总之我不想听。

这些年，我做过的最疯狂的事，莫过于在高考英语卷子上，我写了整首歌词，那是我初遇她时单曲循环的歌。糟糕的英语卷子明晃晃地摆在桌上，我却默默地出了神，做了一个无比逼真的梦。梦的样子，就是前面我所写的。

因为她说只有遗憾才会美，所以我幻想怎么样的遗憾才够滋味。

出考场的时候，雨停止了，花花绿绿的伞围成一个斑斓的圈，我看着竟然一时感到恍若隔世。我妈问我感觉怎么样，我没心没肺地笑着跟我妈说，挺好，三本线应该过了。我妈也笑着说，别出成绩了，专科都上不了。我高考的分数，正正好好地压在了二本线上。一家人都觉得不可思议，他们个个乐开了花。

随后，我便踏上了去上海的火车，一路上我总是在幻想。寻人旅行就此开启，明知故事的结局是悲苦，却要去品尝，也是我这些年做过的最疯狂的事。

江湖故人不相忘

亦青舒

　　那些年文科班是一个小小的江湖。我们身在其间，每个人都心怀梦想，身藏绝技。只是后来的后来，有些人扬名天下，有些人退隐山林，还有一些人，心里藏着一个名字，直到分道扬镳的那一天，在心里翻来覆去想了很久，最后还是相视一笑，就此别过。因为有句话他们是这样说的：相濡以沫，不如相忘于江湖。

　　初入文科班的时候我并不知道水有多深，平日里我只是一心埋头看小说，每逢年级大考放榜，我也只是骑单车路过的时候漠漠然地瞟一眼。我既不关心年级第一是否易位，也不在乎年级前十的那几位好汉中原逐鹿鹿死谁手。这个市重点高中里从来不缺少传奇，只是传奇远而粥饭近，我只顾得上眼前一本韩寒而已。

　　新学期开始于一个晚自习，白天报到完毕，晚上学校就迫不及待地把我们找回来上自习。自习只是噱头，这个晚上其实是让班主任召开高二班会，再和班里学生分批进行深入交谈。那个有些秃顶的班主任在讲台上激情洋溢，畅想着高三之前的奋斗蓝图。我身边坐着一个穿浅色亚麻裙的女生，扎着普通马尾，但侧脸异常清秀；她一直在整理各种文件夹和习题试卷，从头至尾没有抬头看过班主任一眼。然而班主任的目光频频落在她身上，饱含欣赏、赞美和骄傲。班主任的发言持续了将近一个钟头终于结束，他意犹未尽地喝了一口水，说："下面我要找一些同学谈话，念到名字的同学到我办公室来一下。"

这就是鹭中惯用的一个教学传统，也就是所谓的"内部会议"：按照学生入学的成绩排名分为不同几拨，陆续找进办公室谈话，老师会根据学生水平提供相应的学习指导。

第一个被叫的名字就是她——沈芙音。

班里小小的一阵骚乱。

文科班里奇人颇多，藏龙卧虎，不足与外人道也。对历史痴迷如狂的，背得下中国上下五千年历朝历代君王的名字封号；对地理倾心不已的，站在黑板前十分钟内就能完整绘出一幅中国地图，大小河流，山脉走向，省份都城，标注清晰。恰如江湖之中各类高手总有自成一派的武功一般，我们也各自有着自己的骄傲和矜持。

只是沈芙音在这个江湖里，声名之远，远胜常人。她自幼参加各类竞赛，五关六将，力战群雄，没有一次是空手而归的。她写得一手清丽文章，早早就在各类名刊上崭露头角；同时也是学校里广播站的台柱，每逢校庆盛会，她着盛装上台，声音婉转空灵，谈吐风趣不俗。在学生时代里，我从未见过比她更适合"优秀"二字的女生，荣宠集于一身，但脸上永远是从容神色，没有半点儿自矜。

和沈芙音同桌的日子其实是很安静的，她的话极少，不关心八卦，不热衷娱乐。每到课间，班里几乎没有人出去，大家皆是伏案之姿，或奋笔疾书，或念念有词，这种场景，倘若不是在高三教室里看到，难免令人觉得诡异。然而她不会这样。

下课铃一打，她便起身，目不斜视地走出教室。仲夏时节里她总穿及膝的浅色裙子，长发低低地束起来，绑青色碎花的头绳。她的背影总像一束七月里沾着晨露的栀子花，颀长柔美，就那样径直地走出气氛沉重诡异的准高三教室，仿佛她不属于这个地方。

在我心里，她确实不属于这个地方，堆满试卷的桌面，贴着标准答案的白墙，写满一道圆锥曲线的解题步骤的黑板，这些东西都那么沉重那么压抑。我望着手肘下压着的白色草稿纸，头顶的风扇吹得纸张哗啦作响，就像一只不安分的白色鸽子拍着它的翅膀。

沈芙音是七月的栀子，是那只将飞未飞的白鸽。

那一日在语文课上读到李白的诗，"清水出芙蓉，天然去雕饰"，我心里一动。沈芙音坐在我身边，手里抓着笔不知道在写什么。她那天没有束马尾，一头青丝倾泻而下，落在我们之间的桌面上，随着她书写时的动作缓缓移动，好似一汪隐隐流动的潭水。

我怔怔地看着，屏住呼吸，生怕自己不小心溅起一个涟漪。

语文老师忽然叫我的名字，我短短地"啊"了一声，条件反射地站起来。

班里哄然而笑。

"慌什么。"老师也被我的窘态逗得一笑，"你来解释一下，'清水出芙蓉，天然去雕饰'这两句说的是什么。"

说的是什么，我脸一红，看着坐在我身边的沈芙音，又看看慈眉善目的语文老师，默然无言。沈芙音笑着把她的笔记推到我面前，深蓝色的簪花小楷落在白纸上，非常漂亮。"喻指文学作品要像芙蓉出水那样自然清新。这两句诗赞美韦太守的文章自然清新，体现李白主张纯美自然的文学风格。"

我张了张嘴，却什么也说不出来。这不是我心里的答案，我知道。

最后还是下课铃解了围，我坐下来。沈芙音望着我，轻声问我："怎么啦？"我笑一笑，极力掩饰自己脸上的不自然："没什么。"她沉默了一会儿，自顾自地翻着她好看的笔记，忽然说："其实我觉得笔记上的那个答案确实挺没意思的，这么好的一句诗，值得更好的答案吧。"

我望着她，缓缓地说："一千个人眼里有一千个哈姆雷特，标准答案说白了不过只是碳素墨水印在A4纸上后又贴在墙上的东西，最好的答案其实各在人心吧。"她眼里露出惊喜的神色，像是偌大一个江湖里相逢一个知音，但只是一瞬，又恢复如常。她起身，我知道她又要出去了，于是低头准备补完上节课的笔记。

眼前忽然递过一本深蓝色封面的笔记本，印着凡·高的《星空》，封面的字迹娟秀如莲。我抬头，只看见沈芙音的背影在前门一闪而过。

六月，窗外的栀子花已经开了，香气清澈暗涌。

日子就这么不紧不慢地过去，我还是常常埋头于窗边翻着一本《国家地理杂志》，看着看着就能忘却身边的一切。但忘却是短暂的，我终究还是要从书里出来，从巍峨群峦秀美河川里出来，我面对的是日益逼近的高考，是铺天盖地的试卷习题，是没有尽头的高校联模。我的生活如此单调乏味，三点一线奔波往复，昨日和今日没有任何区别，除了手里的一本《王后雄学案》做到了新的一页。

生活里唯一的亮色，好像仅仅是沈芙音的背影。傍晚时分她常常在廊前看一轮日落，深秋的黄昏总是这样美，夕阳的红染尽天边的云霞，吞没远处丘峦的轮廓，天空渐渐变成纯净的钻蓝色，远处已经出现一两颗明亮的星宿。她的表情如此专注又认真，长长的睫毛好似落在她眼前的蝴蝶，显得静谧而深沉。

她不知道我常常这样透过窗，就像她凝视秋日的黄昏一般，凝视着她的背影。

深秋很快就过去了，接下来值得期待的便是元旦的校庆晚会，虽然是课业繁重的高三，学校广播站还是希望沈芙音去主持这一场校庆晚会。她听到消息的时候怔怔地，没有点头也没有推辞。

班主任极力反对，他认为高三里分秒都是珍贵的，找了沈芙音去他办公室，我恰好路过，看见班主任神色焦虑，她却一脸从容。谈着谈着，沈芙音好像说了什么不得了的事情，班主任竟失手打翻了手里的茶杯。一壶烫手的上好龙井，打翻在办公室深色的梨木桌上，一片狼藉。

上课五分钟之后沈芙音才低着头走进教室，脸上仿佛隐隐有泪痕。紧接着班主任神色严肃地走进来，眼里还有未消的怒意。

在一种诡异而沉闷的气氛里上完了一节数学课，讲的是一张九校联考的试卷，最后一个导数的大题写满了整个黑板，班里做对的人很少，大家都沉默着埋头把答案完整地抄下来。趁着这沉默班主任清了清嗓，说："高考越来越近了，你们的时间每分每秒都是宝贵的。要知道自己是什么身份，什么事才是最要紧的。高考是最稳妥的路，你们每一步都要走得踏实谨慎，不要把时间浪费在与学习无关的事情上。"

我不安地看了沈芙音一眼。她没有抬头，只是紧紧地咬住嘴唇。神色隐忍，像冬日里一株沉默的冬青树。

平安夜那天晚上，这座南方小小城镇下雪了。起初只是一点儿小雪，还是沈芙音惊呼着指着窗外，又用钢笔戳了戳我的手肘我才知道的。班里的晚自习大家总是埋头做题，也只有她还能留意一场雪的来临。后来雪下得愈发大了，平素安静的高三楼骚动起来，我听见楼上传来欢喜的叫喊声。下雪了。

我看着沈芙音眼里欢喜的神色。"你很喜欢雪。"我说。

她点点头，说："我妈妈是北方人，为了爸爸才留在这里的。南方很少下雪，不过也好，因为稀少所以更显得珍贵吧。"她忽然认真地看了我一眼，其实我很想去不一样的地方，去北京、去西藏、去西安。又指了指墙上贴的一平方米的世界地图，"这个世界那么大，难道真的挂在墙上看看就好了吗？"

"班主任说要走一条稳妥的路，但是他难道不知道，稳妥的路上必然也只有稳妥的风景。"她脸上闪过一丝冷静的嘲讽，随后眼里又闪过一抹执着，"可我想看不一样的风景。"

我想起那只将飞未飞的白鸽，这是沈芙音第一次对我说这么多话。"你要去什么地方了吗？"我忽然问。

"我参加新概念入围复赛了，老班联手我爸妈不让我去。但是我已经买好票了。"我微微惊诧地看着她。但是很快又恢复镇定。

"祝你好运。"我望着窗外漫天大雪，伸手藏好一枚鲜红的苹果，"还有，圣诞快乐。"

沈芙音果然没有出现在元旦校庆的舞台上。新换的女主持人声音甜得发腻，我戴上耳麦，听一首陈粒的歌。是她喜欢的女歌手。

"我看过沙漠下暴雨，看过大海亲吻鲨鱼，看过黄昏追逐黎明，没看过你。"

而她此时早已坐上去往上海的火车。在一个陌生的城市的考场里，写下她心里的愿望和梦想。

我知道沈芙音是这个江湖里我见过的最好的风景。她穿着浅色的亚麻裙子站在长廊里看日落，她解数学题时轻轻皱起来的眉头，夏夜微风她坐在我身边伏案写字，我闻见淡淡的薄荷香。她和别的女生都不一样，她在这个狭窄逼仄的环境里，一再寻求突破和离开。在我心里她是所有奇妙景色的集合。但她属于远方，不属于我。

但是她还是如同深秋里钴蓝色的天空尽头的明亮星宿一般，在暮色四合的时候散发着小而真切的光亮。

我想过这个江湖里如果没有出现过沈芙音会怎么样。只是少一个传奇，少一桩谈资，少一些女孩儿的窃窃私语和一些男生的灼热目光吗？我不知道。我只知道，倘若没有她，我可能还是那个淡漠至极的男生，站在讲台上用三分四十秒画出一幅标准地图，心里只有骄矜自傲。

027

而现在，当我熟稔地画完一幅地图之后，我心里总是温热的。北极高纬的不冻港，热带赤道的无风带，深海底下暗藏千百支不动声色的寒暖流，高山之上分布着截然不同的草甸灌木带。这些不再仅仅是我熟记于心的解题知识点，而是一些存在于自然之中的奇妙景色，是我和她的心照不宣的约定和默契。我不动声色地画着那些地理图标，仿佛就已经在心里和她并肩踏过了广袤无垠的沙漠，涉过了九曲回肠的河川，并肩共立在静默的群峦之巅，看过一轮瑰丽美好的日落。

陈粒的嗓音如此清淡而辽远："我知道美丽会老去，我知道生命之外还有生命，我知道风里有诗句。不知道你。"

复赛结果在我的意料之中。沈芙音不仅做到了，而且也做得极其

无非求碗热汤

漂亮，她顺利拿到加分名额，只等高考给下一锤定音的结果。

其实对于她来说，新概念并不是一条捷径，凭借她的成绩和优秀，直接通过高考也有十足的把握去想去的地方。她也许只是实在厌倦这间教室吧，没有尽头的习题和考试，像深不见底的江湖。每天都有女生在考卷发下来之后小声地啜泣。她尽力隐忍脸上的怜悯，下课之后轻轻走到那女生身边，伸手递过去一包纸巾。

其实并没有人会记得她的好，大家都只会觉得这是一种优秀生不动声色的骄傲和施舍。只有我知道，那个女孩儿的心，其实像她手里的纸巾一样柔软。

我知道她喜欢淡泊清新的民谣，我知道她喜欢暮春时节的日落，我知道她做题做得累了会扔掉笔凝视着窗外的竹林，我知道她笔下的文字像风里的诗句。

但是我不知道我藏在心里的这些故事，她会不会有一天有机会恰好看到，然后从头到尾认认真真地读完。她会不会知道，那些年在江湖，我见过各路高手的独门绝技，却不如她一个侧影轻而易举就打动人心。

后来就是高考。然后就是毕业。拍毕业照的时候女生们都红了眼眶，班主任好像也没有平常讨厌了。广播里放着胡夏的《那些年》，我想起沈佳宜的白裙和马尾。而沈芙音正极力躲开狂热摄影师们的镜头，坐在教室窗边的位子上，笑着看我们举着签字笔相互在白色班服上写下长长短短的祝福和留念寄语。

窗外是六月的天，蔚蓝如海，竹林藏满风声。我们曾是伏案于桌奋笔疾书的少年，怀揣着倚马快剑走天涯的风发意气，幻想有一天走出这个小小的江湖，去见更广袤的山河湖海。而此刻离别将近，才发现原来我心里深藏眷念。然而我只是沉默，也只愿沉默。江湖里故事有那么多，倘若我的故事无法做最圆满的那个，就索性做最安静的那个吧。在这个安静的故事里，我们曾相遇，用彼此的孤独温柔陪伴过。

我和她的目光忽然相接，于是相视一笑。

——恰似江湖故人。

遇见小太阳

虾 米

　　从小到大，班里的人聚在一起说某某坏话的时候我都不会加入。倒不是因为我多清高，而是因为，一般他们谈论的某某，就是我。

　　我叫唐军。因为父母离异的关系，我的性格一直都有点儿孤僻，一度怀疑自己有抑郁症。初中起我开始每晚都会失眠，怎么也睡不着，睡着了不是会做些乱七八糟的梦就是睡到一半突然醒来，一闭上眼睛头就会痛得像要炸裂般。那段日子真的是让我至今想起来都觉得难受。身边的人都只会说你要开心点儿，不要想那么多，其实那是连我自己也不想去体会的痛苦，每个夜晚，都像要被黑暗一点儿一点儿吞噬掉，掉入无边无际的洞。我曾经和母亲提过，可她只会忙着工作，她总是会说一个小孩子哪里会抑郁之类的话就转头继续工作。没有朋友，没有父母的关心，我渐渐地也不喜欢和人接触了。

　　上高中后，因为性格内向孤僻，没有几个人愿意和我做朋友。不知为什么，班里开始传言我是同性恋，刚开始只是班里的人在说，后来慢慢地扩散到整个楼层、整个年级。一开始愿意和我来往的几个男生也因为受不了别人异样的目光开始孤立我、排斥我。我经常在上楼梯的时候看到走廊一群人围在一起看着我窃窃私语，经过一些人身边的时候他们都会特意地避开，好像我是一个流感病毒。我不知道怎么去解释，也没有人会听我去解释，我愤怒过但却不知道怎样爆发出来。

我好像就是这么一个一无是处又懦弱的人了，没有力气也没有勇气去解释，慢慢地也就麻木了。任凭外界的人怎么把我抹黑，我也熟视无睹。我开始近乎疯狂地学习，只有学习时才没有时间去想那些让我的头疼得要炸裂的人或事，才能得到少许时间的解脱。我的名字开始出现在公告栏的前面，这并没有给我的处境带来很大的改变，他们只不过是会在看到我的排名说厉害的人后面轻描淡写地接一句"是啊，不过听说他是同性恋"。

我想过自杀，似乎人遇到什么无法解决的痛苦都会想过以死来逃避，我也不例外。但我是个懦弱胆小的人，我已经是一个笑话了，我不想再成为更大的笑话。现在回想起那时的自己真的是愚蠢，很多想法都很消极。可能你们注意到了，我说的都是"那时"和"以前"。人都是会改变的，或者缺少一个时机，又或者，缺少那么一个人。

以前即使班里的人给我扣上同性恋这个帽子，我也不了解这个群体，更不知道有"腐女"这种神奇的生物。第一次见到小Y的时候是在楼梯拐角处，她很光明正大地就把我堵了下来，开门见山地问我："唐军，听说你是同性恋啊！"几乎是条件反射，我厌恶地低下头就绕开她走了，谁知她还跟了上来，"你好啊，我是四班的陈Y，刚刚转过来的。你看起来不错啊，听他们说还以为是很糟糕的一个人呢。你成绩不错啊，你有男朋友吗？"她就这样唠唠叨叨地在跟在我身后上了楼，走到最后一阶时我停下来转身低头看着她，很漂亮的一个女生。但当时的我对她完全是反感，我压着怒火低声问她："你到底想干吗？"她愣了下突然笑了："没有啊，想和你做朋友而已。"走廊里看热闹的几个男生在我身后吹起口哨，我没有回头，看着她说道："我不想和你做朋友，如果你只是和别人一样来取笑我或是要哗众取宠，那你做到了，你可以走了。"说完我就转头走了。所以我们之间第一次的见面是很不愉快的，她没给我留下什么好印象，倒是后来她自己回忆说，我们的第一次见面真是快乐得不得了。我拍着她的脑袋说道："你是又间歇性犯二了吧！"

接下来的许多天里小Y都会守在楼梯口那里，一看到我就自然地走到我旁边开始絮絮叨叨，我都是选择视而不见。后面几天我被她缠得不行干脆就绕远路下楼。前几天还好，后几天她可能是因为等不到我了，干脆就在学校门口堵我（是不是很有角色互换的感觉？一般都是男堵女吧）。我的家离学校不远，一般都是走路回家。小Y是骑自行车，看到我出校门她就兴高采烈地朝我挥挥手，推着自行车向我跑过来，依旧是站在我右边，一边推着自行车一边和我说着她们班上有趣的事。本来我是习惯性忽略的，有一次她讲到她们的班主眉毛粗得和蜡笔小新一样，讲话的时候眉毛还会"飘来飘去"，我被她的动作和形容一下子逗乐了，不知不觉就笑了出来。她看我笑了，停下动作看着我，过一会儿也哈哈大笑起来。

她外表看起来是斯文，可笑起来就是丧心病狂没心没肺啊，真的就是哈哈哈大笑的那种，听到那么魔性的笑声，我不由自主地就想跟着她笑。那天我们算是第一次认识了对方，我第一次和别人一次性说那么多话。小Y说来认识我就是因为她是个不折不扣的"腐女"，刚到学校听到年级的学霸是个同性恋，马上就想来和我认识了。我很认真地和她说我不是，我只是不会和人说话也不会解释而已。她看着我笑道："我也觉得你不是啊，就觉得你这个人很怪，想和你做朋友而已。我不是个很容易被人影响的人，别人说什么我就信。唐军，你说你不会和人说话，现在我们不是聊得挺好的吗？我们做朋友吧！"真诚、善良，是那天我对面前那个笑着和我说"我们做朋友吧"的女孩儿的看法，我看着她，笑着点了点头。

慢慢地我和小Y走得越来越近，认识她久了越了解她的性格，表面虽然没心没肺天不怕地不怕的，似乎什么挫折都打不倒她，但是内心却很细腻，做事什么的会为别人考虑很多。和她相处久了，我的性格渐渐变得外向很多。不知在哪里看过一句话：如果你本身是个消极的人，就一定要学会和积极的人相处，吸收正能量。两个消极的人在一块儿，只是会让难过的事变得更加难过罢了。认识小Y后，不由自主，我也想像她一样，做一个能让别人快乐、散发满满正能量的人。

我和小Y走得近了，年级开始传起我们的绯闻。似乎谣言这些东西总是会源源不断地流出，没有止境，甚至没有限度。谣言永远就像一把无形的镰刀，让你无处可逃，也不知道下一秒它会戳向何处，逃不了也躲不开，让你遍体鳞伤。小Y倒是一副无所谓的样子，还很开心地说这样能帮我洗清"冤屈"。有时候我真的很羡慕她，羡慕她的心态、她的没心没肺。有一次我们一起上楼，走廊上的一群男生突然朝我们起哄，一开始是说我男女通杀什么的，后来就听到他们说小Y脸皮厚整天跟我后面。我突然心里升起一股无名火，冲上去拎起那个领头起哄的男生的衣领说道："做人不要太过分，我不反抗并不代表我不会反抗！从今往后，不要再让我听到你们说小Y一句坏话！还有那些关于我是同性恋还是双性恋的话！"

从小到大第一次，我学会了反抗，我学会了保护自己的朋友，保护自己。一直以来我都是选择忍气吞声，但我发现不可以了，我的无条件忍让不会使他们收敛，只会更让他们变本加厉罢了。可能是没想过一直忍气吞声的我会有反抗的时候，那个男生吓了一跳，不住地道歉说是开玩笑。小Y上前拉走了我，走廊看热闹的人围得密密麻麻的。懦弱如我，原来也可以这么勇敢。终于懂得反抗，懂得抵御谣言，保护别人、保护自己。小Y不住地在我旁边说："唐军你好帅，原来你还会发脾气啊，好感动啊，你终于想开了，要重新做人了！"我无语，敢情这是说我之前就是一直被关在监狱里的Hello Kitty。

经过这次的事，再加上我和小Y经常待一块儿，关于我是同性恋这种荒谬的谣言渐渐少了。我的性格外向很多，小组讨论的时候我也敢发表意见了，甚至会有女生主动过来找我问数学题。其实这一切变化很缓慢，抽丝剥茧般，我是没感觉的，直到我身边的朋友渐渐多了，有人对我说唐军你变化好大时，我突然意识到：我有很久没有失眠了，我有很久没像这样子和人面对面聊天了，即使是几个人坐在我旁边，我也不会感到不适。小Y以她的乐观潜移默化地影响着我，我是真的变了。

虽然我和小Y走得近，但是我们两个是真的没什么，纯粹是处得来。我常常笑话她："怎么我对你就是没有欲望呢！"她也没有计较什么，总是自恋道："唐军，我可是感化你的恩人，你对恩人还能有什么欲望，报恩都来不及！"一般我都是说她一句脸皮厚就继续走，因为我永远说不过她。不是谦让她，是真的说不过。所以对于后来她选了法学这一专业我是举双手双脚赞同的，她那伶牙俐齿，绝对没几个人是她的对手。

不知不觉高考就快到了，整个高三级的学习氛围都很压抑，特别是一模过后的那两个月，下课后除了上厕所的，走廊上基本没人，教室里只能听到翻书本或是背诵的声音，连一向爱玩儿的小Y也一改常态，不像平时那样一下课就跑来找我，而是忙着做题、背诵。我们都清楚这场考试对于我们来说有多重要，那短暂而又意义非凡的两天，关乎着我们的梦想和未来。就这样到了高考那天，开考前我和小Y在走廊互相给对方打气，我看着她走进考场，默默地对她说加油。两天的考试，终于考完了最后一科英语，走出考场时的感觉就像跑了好远的路，终于可以停下来休息一会儿了。班里很多男生都高喊着："解放啦！解放啦！"我从走廊望下去，小Y正站在第一次堵我的楼梯口那里等我。我突然有点儿恍惚，终于结束了，我们也要各奔东西了。

接着就是漫长的一个多月的等待，小Y跑去找她的父母，我留在家里等成绩。出成绩那天，网络"大塞车"，查了好久才查到。当看到屏幕上的结果后，我明白，所有通宵的夜晚、做过的习题、背过的理论、熬出来的黑眼圈，所有的努力，都是值得的了。我立马给远在上海的小Y打了个电话，电话一接通就听到她扯着嗓子大喊："唐军我考上了！也恭喜你！刚想打给你呢！"我掩不住笑地回道："我的耳膜都快被你震破了，你考上了是好，可恭喜我干吗？我可是落榜了啊！"电话那边的她哈哈大笑起来，过一会儿才回道："骗我！我可是查完我的马上就查你的了！不然你以为放假前我问你的准考证号和生日干吗，帮你算命啊！你落榜？你可是比我高出二十几分呢，高才生！"我忍住感动回她道："好了，好好想着要报考哪所学校吧，不过以后我们可就天各一方了。""我就想去北京呗！不过只要能被自己喜欢的专业录取就行啦！

各自有各自的路要走，各奔前程！前程似锦！唐军，很高兴高中两年有你这个朋友，很高兴我们都能考上，反正我现在就是很高兴了。毕业后也要常联系，不要忘了你恩人我啊！回家就约起，给你个机会让你请我喝奶茶，哈哈！""我就知道，你哪会这么认真，重点都在后头是吧，好好，恩人啊，不要忘了小的我就行！奶茶小意思！"

认识小Y这么久，她从来都是不正经嘻嘻哈哈的样子，很少会这么认真地说话，特别是对我。其实很多时候我们为了掩饰自己的失落或怕被人看出自己的难过，会开着玩笑把不好的情绪带过去，小Y也不例外。她和我说过，她很怕说再见，因为有时候会再也不见。小Y，我也祝福你，前程似锦！我们的友谊永远不说再见。

小Y去了她喜欢的北京读法学，我也如愿被自己喜欢的大学录取了。一个在南方，一个在北方。我们靠着微信联系，偶尔放假回家就一起出来聚下。联系少了，但关系却依旧是"损友"，我依旧会每天给她留言，而她也依旧会在我每一条动态下吐槽我。就像小Y说的那样，各自有各自的路要走，各奔前程，不要忘记对方就好。

我和小Y的故事其实没什么亮点，也无关爱情。我很庆幸能遇到这么个朋友，但我更庆幸自己的勇敢。自己曾经就是校园冷暴力的受害者，受过别人的冷言冷语和排挤，知道子虚乌有的流言蜚语对别人的伤害有多大。所以我从不轻易去评判一个我不认识的人，遇到什么事也是尽量大事化小小事化了。每个人都有每个人的难处，不了解之前就不要妄加评论。向别人传递谣言，就算我们不是始作俑者，其实也算是帮凶。即使无法做谣言的终结者，也不要做它的传播者。很多时候我想，如果没有认识小Y，我现在会是怎么样？会是一直隐忍还是选择反抗？无论如何我知道的是，连自己都没办法保护好的人，是没办法保护别人的。小Y教会我很多，她本身就像是一个散发着能量的小太阳，温暖别人也给予别人力量。

愿你也成为一个既能保护自己又能保护别人、永远散发着满满正能量的小太阳。

欠你一个夏天

"3、2、1！"烟花乍起。

阿多冲上去拥抱了每一个落单的人，他们也回以拥抱，轻声说了句"新年好"。

新年真好啊！

所有的悲伤都可以被丢在过去，每一个人都可以以新年为由写下新的计划。尽管前路未卜，但也愿意相信新的一年便是新的开始，充满愿景，也充满期待。

我们都是孤独而正确的人

小太爷

本来应该早给我搭档小晴写一篇来着，但又总觉得她没什么写处，没有小方那么逗，没有老丁那么黑，没有班长那么能说。她和你我都一样，就是个普通的高中女生，在熙攘的街头欢笑，也在人来人往的街头默默行走。

但同时，她又是我见过的，最不平常的人。

晋小晴同学是一个误以为自己是狮子座而且一误就是十七年的小孩儿，直到某日她无意间翻手机，才发现自己竟然是个处女座。她当时的内心几乎是崩溃的……但在崩溃之后，她收拾好了心情，决定以处女座的新面貌面对生活。

我妈是搞新闻的我爸是搞审计的，可能是因为我出身这样的家庭，所以骨子里就带着刻板和挑剔，再加上高三心理压力也很大，有那么一天晚上我真的就崩溃了。我觉得我的生活乱套了，世界完全不是我想的那个样子，我好像跟我的生活脱节了——我真诚地对待我的朋友，看见他们难受我更难受，我竭尽所能地做着我能做的一切，到头来可能还不如一个更会撒娇一点儿的姑娘跟他们走得近；我也真诚地对待我自己的内心，曾经有那么一段时间我也很想变得和其他姑娘一样，但事实是我做不到。

从来没有那么孤独的时刻。

然后小晴出现了，她给我写了一张长长的纸条。

她说有时候也有些矛盾，一边觉得男同学和女同学在一起看起来挺温暖的，一边却又觉得自己一个人安安静静的也很好。一个人是很累，但你要坚持住，因为我们是独特的。

她说不是我们错了，我们这种人眼下看来可能是孤独的，但我们是正确的。因为太少所以才宝贵啊，没人欣赏不代表不优秀。现在的情况是，本来就不在乎你的人还是不在乎，但爱你的人，无论是已经出现的还是还未出现的，都在不同的时空默默地爱着你。

我在班级不算太亮的白炽灯下看这张纸条，扭过头再看看窗外静默的黑夜，忽然非常想哭，因为忽然发现，原来我不孤独。

自从那次深谈之后，我有时候就会想，以后的日子该怎么办，如果我满怀希望地进入了社会结果发现社会更是这样，我又该怎么办，还没有我这样强悍的小晴该怎么办？

世界是不会给你足够时间的。比如，小晴还没有学会笑得娇媚温柔，身边的人儿就已经慢慢地开始用这个作为技能给自己谋求一些什么了。比如，我还没有学会在吵架的时候不那么大嗓门儿，而是细声细气地示个弱或者把"你有病"换成"哎呀，你可真烦人"的时候，我已经被一些小伙伴们放到不重要的位置，打上"没魅力"的标签了。

但是我想，我俩既然都这么倔，肯定就一条道跑到黑不会回头了。

我俩就像是两棵固执的树，一直用似乎是最费力的方式生长，倔强得不肯放下心里的执念。但是终有一天，我觉得，我俩会看见满天的朝霞。

阮佳不说嘛，这个世界还没不公平到让努力的人不能出头的地步。

　　小晴其实是个挑剔的人，我一般情况下也很少极为推崇一个人。是她让我知道了一个姑娘该有的样子，也是她告诉我我是正确的，让我知道柔软又执着的坚守原来是一件这样伟大的事。

　　小晴你好好的，我把未来四年所有祝福的名额都给你，你一定要好好的。

黑 白 默 片

某某闲来

我至今还清楚地记得我的语文老师葛苊站在讲台上的样子：胖嘟嘟的身材，圆鼓鼓的脸，一双如月牙般的眼睛在看到我们后弯得更加厉害了。我记得他开口的第一句话是："我叫葛苊。苊是没有烧尽的柴草。"

那一年，我高一。

葛苊胖胖的身材很富态，一见就知道是那种肉吃多了的主儿。后来他体检时查出有脂肪肝，医生告诫他多吃蔬菜少吃肉，为表决心，他还把自己的笔名改为"一苇和尚"。照他的话来说，让更多的人监督他要像和尚一样吃斋。

自他转战网文定下笔名以后没多久，他真的瘦了许多，可是瘦身与笔名没关系。我想他要是知道自己瘦下来要付出那么惨痛的代价，他宁可自己永远是个胖子，永远挺着圆鼓鼓的肚子，永远像弥勒佛一样笑得眉毛眼睛分不开。

我真想他像弥勒佛一样，笑得灿烂，无忧无虑。但这一切都是后话了。

我和他的渊源还是源于一碗牛肉汤。晚自习前的晚饭，我都爱去校门口一条胡同里的倒数第三家喝"小正牛肉汤"，那家的牛肉汤味美汤醇，牛骨熬汤，辅以豆饼、粉丝、姜、蒜等配料，再加上牛油炸制的淮椒，堪称一绝。因是一家老店，数年来吸引了我大一中千千万万的学子和教师以及专门凭此名号过来品尝的吃货。我正暗暗赞赏小正牛肉汤的美味，也是在这样的情况下，葛苳胖乎乎的身材一下子映入眼帘。

他一见是我，笑嘻嘻地打招呼："咦，这不是我们班那谁谁谁吗？"谁谁谁说了十遍，愣是没能把我的名字填进去。我有些失望，好歹咱也是个班干部，竟这样不入语文老师您的法眼啊？！我还在调整心情，葛苳豪气地一把拍在我的小肩膀上，说："老板，这丫头的牛肉汤算我身上！"话音刚落，我柔弱的肩膀已不堪重负，由平衡状态一下子转向倾斜，过程中还洒出我刚用勺子舀起的汤汁。"嘿嘿，不好意思，手劲儿有些大。"葛苳带着歉意坐在我对面的位置。碍于葛苳老师的身份还有看在他请了我一碗六块钱牛肉汤的分儿上，我也回了张便秘般的笑脸。

"老师，今天怎么有空出来吃？"

"还不是你师娘跑去你学姐那儿陪读，留下我一个孤寡老头子！"

听闻葛苳有一女，生得貌美，成绩好，最重要的是年方十六便考入了中国地质大学。据说那一年，地质大学在安徽录取的名额只有一个，当时他女儿成绩全省第三。虽然名次靠前，但并非万无一失。想葛苳纵横教坛数十载，报考院校个个通，所以才大胆下了注。所幸结果喜人，女儿被高等院校录取，葛苳一定备感荣耀吧。

可是并非所有的天才都得天独厚，就比如说我的师姐，葛苳的女儿。年过三十才得女，也算老来得子吧，"女孩儿要富养"这是他一直坚持的信条，也是他常告诫我们的话。什么五指不沾阳春水，什么饭来张口衣来伸手……一系列形容词恰好可以形容他对女儿的娇惯。从而使得这位天才少女成为"高分低能"的可怜人。也是因为这样，师母不放心在外单独求学的女儿，自告奋勇当起了陪读。

当我回忆完关于师姐的八卦新闻，往葛苳的位置靠了又靠，谄媚地问："老师，听说去年学姐高考录取的学校还是您选报的？"葛苳停止吃面，抬起头来，看着我，肉嘟嘟的苹果肌因为微笑，在昏黄灯光的照耀下泛出油光。"那也亏你学姐分数考得够高才行！"自豪之情油然而生。这一句话仿佛打开了葛苤的话匣子，他从女儿出生到考上大学，事无巨细都一一跟我说了个清楚，虽然满嘴的厌恶反感，但纵观他始终兴奋的表情，俨然一副慈父爱女的模样。

葛苤爱读红楼，总是利用上课的各种间隙穿插有关红楼的各种故事，就连新分来的各科教师，也被吸引纷纷来到班级的后座坐下耐心听讲。刚开始教室只容纳了四五十人，后来慢慢增多，记得有一次，我无意回头，竟发现教室的后黑板处挤了满满的人，大家聚精会神地听着，不时还鼓掌以示葛苤讲解红楼的精彩。

一天有同学问他："为什么不把讲课的内容发到网上？"可能是这样一句话让他茅塞顿开，集百家对红楼解读之长，补自己理解之不足，与更多共同爱好之人交流，乃平生一大幸事！于是抱着这样的想法，葛苤开启了他短暂的文学创作生涯。那时候常听他说，自己的文章于何处发表，于何处转载，于何处被人议论，又于何处跟人高谈阔论，样子如同当初提及他女儿考入名牌大学般自豪。我如今对写文的痴迷，也源于他那时的影响吧。

或许到了中年，已不负当初的年轻气盛干劲儿十足，上了岁数的葛苤总是给我一种爷爷疼爱孙辈的风范之感。他管理班级很松散，就像他踽踽独行的步伐，不紧不慢，晃晃悠悠。我们可以在他的课堂迟到、说话、看小说、听音乐，更有甚者打牌斗地主。

有一次，我被叫起来背诵《出师表》，当时的我和其他孩子一样叛逆、嚣张，怎么会老老实实听话！泰然自若地说："我不会！"一副"看你能把我怎么办"的架势，中途还有其他小伙伴的暗暗点赞。葛苤拂了拂手，说："罢了，罢了！"俨然是被我们这群淘气鬼打败的样子。第二次被提问背书亦是上面那种情况，第三次还是。不知道重复了多少次，总是不会背书的我最终也没有"得到"老师的惩罚，为此有一大批同学把我视为偶像——敢于挑战权威！

其实，对于这些小心思，我想吃盐多过我们吃米的葛苤早已洞察，他没有明指，是顾及当时我们强烈的自尊心。这场小孩儿与大人的较量，从一开始就已经注定结局，而眼界有限的我们却不自知。也是因为"好欺负"的形象为他在班级里迎来极高的人气，班里的每个同学都很喜欢他。

高三的动员大会末，他突然悲伤地说："等把你们带出高三，我也快要退休养老喽！"全班同学忍不住抹泪。遛鸟养花，文字博客，这本应该是葛苤应享的晚年生活，可这一切如今却变成了奢望，变成幻想，化为泡沫，破灭后不见踪影。

就在我们高考的硝烟熄灭了没多久的时候，我们学校突然爆出一个传闻：葛苤引以为傲疼爱有加的宝贝女儿就在我们高考结束的那天晚上遭遇车祸而死！传闻之所以称为传闻，就是因为它没有经过考察和证实，实为空穴来风。一下子绷紧神经的大家慢慢放松心情，继续投入高考后的逍遥生活中去。可谢师宴上葛苤缺席，我们才从别的老师嘴里知道那是真的。

再次见葛苤，是师姐走后的一个月。我和班里几个好友一起到他家探望。阴森狭小的走道里，我们互相推搡着谁也不肯去按下第一声门铃，可能动作有点儿大，竟让屋内的人有所闻率先开了门。

葛苤就那样站在门的后面，两只浑浊的眼睛望着我们。"是那谁谁谁！"依旧如同第一次见面时的数十声谁谁谁，葛苤最终还是没能把我的名字记牢。他把我们请进屋，转身走向厨房。我们看到简单的三室一厅的房子里赫然立着师姐的灰白相片，顿时纷纷红了眼眶。师姐果然如传闻中的年轻貌美，可偏偏英年早逝，留下一对老人，该如何生活？在师姐走后的第二天，师娘因无法抵御对亡女的思念，已搬回娘家独自疗伤，只留下葛苤这个心灰意冷的老头伤心地以泪洗面。我还在继续沉思，葛苤已经端着泡好的茶出来了。接过那一捧热乎乎的杯碟时，突然感到历经这些日子后，他的身高一下子缩了水。

从前，我们都是伸长脖子仰望着讲台上的他，可如今，下了讲台，只需平视，就可看尽他的人生百态。连那个我们十分熟悉的大肚子，也像气球被放了气，瘦了整整一圈，脸上多余的肉也消失不见，剩下的只有一张粗糙的皮耷拉着挂在骨架上。那天，我们聊得不多，怕触及他的伤心事，只能简单地慰问下，便起身离开。

临走前，他突然用手拍了拍我的肩膀："要是我当时管你管严点儿，你的古诗词就不会一分不得！"

葛苍的话音刚落，我刚刚咽下的泪水再次如泉涌……

师恩无法报答，只能希望您尽快走出阴霾，一生安好！

欠你一个夏天

迪克猪仔

林夏天不喜欢这个名字。很大一部分原因是她不喜欢夏天这个季节。夏天的时候能够穿漂亮的长裙，把头发束在脑后，只留一个干净清爽的小马尾，好看极了。但林夏天是一个微胖的小姑娘，给她缸大的胆子她都不敢穿裙子。刚上初中的时候穿过，很多女生嘲笑她原来小胖妞也有一个奢侈的裙子梦，她第一次感受到一分钟拆成六十秒有多难熬。

那天回家后，她鞋子都来不及换，直接奔向卧室把长裙脱下来后换上大号的T恤，抱着彼尔德公仔哭了很久。

也是从那以后，长裙被遗忘在衣柜最上层的一个鞋盒里，时光只负责给鞋盒蒙上一层层的灰尘。

当然还负责一点点增加林夏天的体重。林夏天越来越讨厌夏天这个季节了。

隔壁老王说得对，体胖还需勤跑步，人丑就该多读书。林妈妈深知自己的"军大衣"林夏天不喜欢跑步，那多读书总是没错的，多想着学习上的问题没准儿能瘦下来呢。于是初二的暑假，林妈妈给她报了英语补习班。补习班离家里蛮远，在最差的市四中旁边，爸妈没空接送林夏天，她只能每天顶着烈日气呼呼地骑单车去上课。

在补习班里她不大愿意和其他同学打交道，心里总是介意着自己的体重。但她不觉得没有朋友陪她玩耍很寂寞，因为每天最大的乐趣就是去补习班对面的杂货铺吃西瓜冰喝冷饮，那种凉意瞬间侵袭身体每一个部位的感觉真的很奇妙。

但不奇妙的是她没那么多零花钱。

所以更多的时候只能在杂货铺来回地踱步，看着冰柜里睡着的果冻馋得不行。杂货铺的售货员是一个和她年龄相仿的小男生，叫木头，成绩不太好，在市四中念初二，来这儿打暑期工。几次买卖下来，木头已经和林夏天比较熟悉，所以对她这种只看不买的行为并不鄙视和排斥。林夏天要是有零花钱了，木头会说："林夏天，我觉得你没钱更好，不然吃这么多你的体重又得噌噌噌地长啦！"林夏天快要被气坏了。

某天林夏天在补习班上昏昏欲睡，脑袋一歪，一睁眼，才发现坐在自己左手边隔着一条过道的是一个侧脸很好看的男生。一瞬间，少女心被唤醒，眼睁开、腰不疼、浑身都有劲儿。

问了问关系不太好的同桌他的名字。"他叫李贤，和我同班的，"同桌一脸鄙视地说，"你是对人家有意思了吧？"林夏天把头摇得像拨浪鼓，但内心的小鹿几乎要撞出个窟窿来。

林夏天的胆子和体重成反比，不敢和他搭讪，但那颗刚萌动的少女心只用一个名字是喂不饱的，于是她下狠心把零花钱拿去买好看的发夹和水笔来与同桌搞好关系，不断地套出李贤的信息。

喜欢一个人的心永远不会满足，就像一头永远喂不饱的小野兽，越长大野心越大。

她变着花样来哄同桌，零花钱严重不足。以前三两天就能买果冻吃，但现在一周也吃不上一次。木头有点儿不解地问："你怎么不买果冻了？""因为我有喜欢的男生啦！"话说出口才意识到不该说，夏天的脸瞬间红到了脖子根。

木头愣了几秒后，点头示意他懂，还一脸幸灾乐祸地说："你把钱花在那个男生身上总比花在你身上好，你也不看看自己的吨位。"

第一次喜欢一个人，林夏天的心里藏了好多话不知该向谁说，老妈要是知道了林夏天怕是小命都没了，木头只会嘲笑她，林夏天快要憋坏了。木头知道后觉得有点儿小委屈，说好的革命友谊去哪儿了。后来有一天木头把十块钱放进钱柜里，拿出一本带锁的日记本递给林夏天，一脸不在乎地说："这个小本本朋友送我的，反正我没那么多少女心事要倾诉，送你好了。"

林夏天刚酝酿的一点儿小感动被这句话拍飞了，拿着日记本气冲冲地去上课。

林夏天鼓起勇气请教过李贤几个英语问题，她实在想不到有什么办法去接近男神。李贤倒是挺乐于助人，蛮热心地解答。

林夏天把这些小细节都详细地记在日记本里，写着写着心里常常偷乐。

不少女生对他感兴趣，见状纷纷跑来问他问题，这严重导致了每次下课他周遭都给围得水泄不通。林夏天体积虽大，但力气却不大，常常被挤得不行，于是只能近水楼台先得月，每节下课就鼓足干劲儿承包男神。

风扇吱呀吱呀地在他们的头顶旋转，吹起的书页哗啦啦地响，晃动的白色是整个青春里最好的底色。

这一天快接近下课，腔调很好听的外籍老师还在没完没了地讲一般过去时，林夏天掏出日记本开始补充少女心事。刚写了没几行，老师潇洒的一句"Class is over"，补习班瞬间沸腾起来，林夏天来不及锁上日记本，把它胡乱地往桌肚里一塞后开启承包模式。

林夏天这种行为让其他女生深恶痛绝，但谁也不肯让谁，一块儿在可怜的过道里挤。不知道是谁被推搡了一下，撞到了林夏天的课桌，那本日记本就掉了下来，刚翻到了某一页。

好事的女生梁小巧捡起来翻了翻，像发现了新大陆，压抑住内心的狂喜后深情朗诵道："今天李贤帮我捡了橡皮擦，他弯身捡东西的样子帅呆了，那时候我多想我就是那一块橡皮擦啊。"

所有人都忍不住哈哈大笑起来。熟悉的话支离破碎成一个个字，像一把把小刀刺进林夏天的心里，那么多难以启齿的少女心事暴露在现实里，林夏天永远也忘不了自己那一刻犹如穿上了新装的国王。

林夏天没有捂着嘴巴哭着跑开，她用力推开旁边的几个女生，一把夺过正高兴着的梁小巧手里的日记本，然后恶狠狠地瞪了她几眼。梁小巧一脸不害臊地说："我还没看够呢！"林夏天一巴掌打了过去，响亮的声音回荡在窄窄的补习班里。

林夏天走进了杂货铺，这时候店里正没人，木头正闲得拍苍蝇。

林夏天一改往日的作风，不去探望睡在冰箱里的果冻，一屁股坐在长凳的一头。木头还没来得及逗她，两秒后，林夏天的眼泪哗啦啦地往下流。当盔甲卸下，剩下的是一副千疮百孔的躯体。

木头有点儿不知所措，还真不知道原来林夏天也会哭得稀里哗啦。他掏掏口袋把四块钱放进钱柜里，然后拿出两袋喜之郎果冻，若无其事地把一袋放在林夏天的身旁，然后自己坐在长凳的另一端安静地吸了起来。

杂货铺的老式吊扇吱呀吱呀地转着，扬起夏天几缕发丝，和着眼泪粘在脸上，真像大花猫。其实木头不知道该怎么安慰她，但隐约记得没有一句话的陪伴或许是最好的安慰吧。

就那样，汗黏黏的夏天，两个人坐在长凳的两头，一个哭得梨花带雨，一个吃得津津有味。

后来林夏天哭累了，拿起喜之郎连句谢谢都没说直接拧开盖子吸了起来。

后来林夏天把补习班的事告诉了木头，木头满满的愤怒，可知道她的英雄事迹后还是鼓起了掌，这种令人讨厌的女生该好好教训一下。林夏天告诉木头，他看到了她的大花猫形象得为她负责，木头支支吾吾脸都快红了。最后协议达成，木头每天都得请她吃一袋喜之郎。

至于补习班那边，林夏天申请换了位置，挪到第一排认真听课好好学习，无视周围对她的议论。

当暑假快结束时，林夏天的成绩已经和李贤的一样漂亮，在补习班上名列前茅。补习的最后一天，李贤给了她一张小纸条，上面写着：对不起，可爱的小姑娘。当时那件事我觉得很抱歉，虽然我不喜欢你，但谢谢你的喜欢呢。你要变得更好，初三好好努力！

林夏天早已放下了这件事，把纸条夹在课本里，小跑去杂货铺。木头那天有点儿拘谨，豆大的汗珠不停地往外冒。当林夏天吸完喜之郎准备骑车回家时，木头喊住了她，林夏天艰难地扭过头。"明年暑假我也会在这里打暑期工的，"木头支支吾吾地说，"对了，为什么一整个夏天你都不穿裙子呢？你穿起来一定好好看。"

林夏天的脸又红到了脖子根，这不是讽刺她胖吗，林夏天快要被气坏了。但看在那么多果冻的份上，还是认真地说了一句："明年再见啦！"

开学以后，忙碌的学习，不断地复习、考试，林夏天忙得像个陀螺一样不停地转。累了的时候还是会想起在城市另一头的木头，内心突然柔软得像一片海。

长那么大，她从没有像现在这样那么期待夏天能快点儿到来。

成绩不断地往上爬，体重竟然很争气得开始一点点往下掉，虽然体形变化不大，但起码还是很鼓舞人心啊。

如约而至的夏天终于来了，林夏天中考考了一个漂亮的成绩，老妈本来开口说这个暑假就不用去上补习班了，但她硬要去，一百八十度大转弯的态度把老妈吓了一跳。于是林夏天继续了补习生活，但不同的是这次她心甘情愿，兴高采烈。

她还买了几条好看的碎花长裙，第一天穿着去上课的时候骑着单车的她开心得快要飞起来。

但下课后她去杂货铺，售货员却已经不是木头了。

她有足够的零花钱，最后还是没有买她很喜欢的喜之郎。她曾那么期待过这个夏天的到来，却收获了一大筐的空欢喜，一点点将她所有的期望侵蚀掉。

她依然穿着碎花长裙去上补习班，依然不言不语，依然每天都会去杂货铺坐，望着满冰箱的果冻发呆。售货员很不满她的做法，却不好意思赶她走。

补习班的最后一天，她来到杂货铺。售货员为她即将离开高兴得手舞足蹈。那天很热，林夏天有点儿犯困，坐在长椅上几乎昏睡过去。突然一个很熟悉的声音响起："这一冰箱的果冻我全要了。"林夏天睁开眼，一个熟悉的身影占满了她的视线。

木头转过来挠了挠头："林夏天对不起，这个假期我家里有事，所以回老家忙了很久。"然后他指了指满冰箱的果冻说："林夏天，我说过夏天的时候每天请你吃果冻的，这是我欠你的。"

林夏天突然变得手足无措，脑子一片空白，急急地问："为什么啊？"

"因为我要对你负责呀。"少年的眼神无比清澈无比坚定，穿过了一整个夏天呼啸而来。

两秒后，林夏天的眼泪再次哗啦啦地流了下来。

木头和林夏天竟然考上了同一所重点高中，他破天荒地成了那所中学里唯一一个考上重点高中的学生。真是妙不可言啊，林夏天连声感叹。后来林夏天问了问木头为什么一直请她吃喜之郎果冻而不是其他的东西，木头不肯说，但后来被问得不耐烦了，木头一脸不害臊地说："因为喜之郎果冻的广告语是我只喜欢你。行了没？"

欠了你的一个夏天，我用所有的喜欢来悉数偿还。

借酒行凶，不问来年

蓝格子

阿多问我许了什么愿，我说"平安喜乐"，她撇了撇嘴示意无趣。

"那你呢？"

"我啊，希望自己未来有酒有肉有生活。"

阿多在今年跨年前夕将我拉去了北京，她说要看一下北京的雪有什么不同。

我嘲笑她是广东人，根本没看过雪，不具备任何比较的依据。她想了想，对我的话表示赞同，然后将手中的垃圾袋裹成团砸向了我。

女生都是记仇的，不管好不好看。

这时候的北京正遭受雾霾的侵害，灰蒙蒙一片。阿多告诉我，我们现在就像是蒸笼里的包子，只能被压榨，不可以逃跑。尽管她的比喻很难让人理解，但我还是点了点头。

北京还没有下雪，阿多刷着微博里的照片，一遍遍地责骂别人是骗子。圣诞节的气氛还未完全过去，满街都是咧着嘴笑的圣诞老人，红火一片让人很安心。大约过了几分钟的时间，她终于安静下来，抬起头时眼中尽是泪光。

我很清楚，她在思念一个人。

我好像在深夜中听过这个人的名字。他们俩算是青梅竹马，也称得上两小无猜。一路从小学相伴到高中，本以为一路顺畅，哪知后来被高考这个大怪兽毁了一切。男生选择了河北，而阿多却在家人的"好言相劝"下留在了广东。

　　青春期大多如此，将承诺看得比生命都重，男生认为阿多背叛了当初要一起看雪的誓言，离别时连个拥抱都不愿给。

　　阿多执拗，终于在大学两年后拉着我来到了这个有雪的城市。

　　可是有什么用呢？我一向不理解小女生的情爱纠纷，也不明白这个虚无的承诺究竟重要在哪里。在我看来寥寥几语可以概括的故事，阿多能念叨上好几年。

　　就像此刻，她抬着头，眼泪顺着脸颊流下来。我转过身，递给她一张纸巾，便拉起她向小巷子里走去。

　　"你哭的时候实在太丑，我带你去吃东西吧！"

　　阿多没有得到意料之中的安慰，但又像习以为常似的，牵着我的手迈向前方。

　　"格子，为什么你是这样冷血的一个人呢？"

　　"我也不知道为什么会和你做朋友。"

　　"但我还是挺喜欢和你在一起的。"

　　她念叨了三句话，声音不大，足够让我听见。

　　我想，这生活本就残酷，人生又苦短，何必将眼光放在过去的事情上呢？

　　倒不如，大步向前，朝着未来的方向。

　　吃完饭后离跨年的日子又近了一点儿。

　　阿多吵着闹着要去故宫看一眼，待出发时又停了脚步。她说，像她这样特别的女孩儿是不应该像普通人一样去大家都去的景点的。

　　所以，为了证明她不是个普通女孩儿，阿多拉着我漫无目的地闲逛着，并强迫我关掉了手机导航。

看到老铺子便走进去看一看，和年迈的爷爷奶奶聊聊天，他们都爱夸短头发的阿多机灵好看，对于我只能硬硬憋出"可爱"二字；时不时去装修精良的文艺小店坐一下，她凑过去便拉着店员套近乎，借来充电器给自己充电，端上来的奶茶分量要比我大很多；路边卖唱的人也是她的目标，跑上去拿起吉他便弹奏起来，她有一定的音乐基础，因此也不会惹得人厌烦，站在一旁的我只好呆呆地哼着歌。

我很羡慕阿多这样的女孩儿。她在人群中是有光的，有血有肉、敢爱敢恨。

就像此刻这样，她在一拨流浪汉中熠熠生辉，唱着俗套的爱情歌曲。没有人觉得诧异，也没有人觉得讨厌，因为她是阿多，所以做任何事情，被任何人喜欢都是正常的。

接近凌晨的时候，阿多不知从哪里顺来了啤酒和烤串，身边跟随的人早已散了大半。她一向如此，知我不喜热闹，便也不强求。

她将手中的啤酒递给我一罐，略带遗憾地告诉我，北京没有人民广场，不可以吃着炸鸡唱着歌。我不清楚她说的究竟是对是错，吞了一口手中的啤酒，冰凉刺骨，有点儿钦佩在这座城市里生存下来的人。

北京，北京。

人越来越多了。有相拥的情侣，有孤寂的路人，也有和睦的一大家人。大家聚集在这个狭小的地方，盯着自己的手机，一边倒数一边酝酿着要给喜欢的人发去怎样的祝福，希望他知道又害怕他知道。

"3、2、1！"烟花乍起。

阿多冲上去拥抱了每一个落单的人，他们也回以拥抱，轻声说了句"新年好"。

新年真好啊！

所有的悲伤都可以被丢在过去，每一个人都可以以新年为由写下新的计划。尽管前路未卜，但也愿意相信新的一年便是新的开始，充满愿景，也充满期待。

我发了条微信告诉C，我很想他。没等回复，就再次拉黑了他。

阿多盯着我，问："你们写文的到底哪句话是真的啊？"

我想了想说："我也不知道。"

真真假假，假假真真，都是生活。

我只知道，就算冰雪袭身，也难冻热血之心。

"来，干杯吧！新年好。"

"新年好啊。"

借酒行凶，不问来年。

说了那么多年的新年好，那新的一年，一定是美好的吧。

你的未来还有那么多的可能性

左 夏

2015年的高考成绩一出，一群大学生就在朋友圈里沸腾，却不是为自己，而是为复读的朋友或弟妹。或欣慰或叹惋，总是喜忧有别，各为晴雪。

而你，是雨天。

不上QQ不回短信，手机关机杳无音讯，躲着不见任何人。敏感脆弱如你，现在的心情一定很低沉。

认识了你八年，一路陪着你蜕变，你的心性，我比谁都了解。

高三的时候你的情绪就起伏善变，甚至因为烦躁易怒在家闭关了两个多月。不听人劝不去上课，固执地坚持在家一个人复习。那时的你倔强得像一只受伤的野兽，要躲在自己的洞穴里疗伤，并且，不愿让别人看到你的伤口长什么样。我不知道那段时间你到底经历了什么，只知道你像换了一个人似的，变成我所不熟悉的模样。而我帮不了你，就像小樱想要改变宇智波佐助那样，无能为力。我还一度想要放弃你。那样黑暗无光的日子里，我们彼此各自为营，各自为着高考歇斯底里。文科和理科的界限，二楼和五楼的距离，除了见面寒暄几句，再无其他交集。

而你高考失利后却执意要重读一年，梦想不容现实践踏，不妥协的个性，让你受了很多苦，而我却只能默默地看着你在现实与理想的夹缝中苦苦挣扎，寻求出口。我无法为你做任何有意义的决定，劝不了就支持吧。2014年的夏天，我握着大学的录取通知书，在电话里跟你说，一定要坚持，明年9月，我等着你胜利的消息。

你说好。

其实我心里根本就没有底，我不知道以你这样的性格，到底适不适合重走高考这条路。但我，只能给你最好的祝福和最盲目的信任。

然而现实还是没有被你的执着打败，2015年，本B分数，差本A线十多分——重读一年的结果依旧是如此，锋利而残忍。

知道你不会回我信息，却还是发了长长的一段话给你：

"不知道怎么开口安慰，只是心疼你独自熬过的这一年时光，想哭就哭吧，难受就直接说，二十四小时开机等你电话。静下心来好好填志愿，一定要选自己喜欢的专业。填完志愿来找我吧，我带你了解，什么是大学。你会知道，高考分数真的没什么了不起的，它绝对决定不了你的一生。不要颓废不要低迷，你的未来，还有那么多的可能性。"

半个小时后，你回复道："我没事儿，真的。我要去吃饭了，从早上到现在什么都没吃，我饿了。"

我想你一定是独自哭了一整个早上，听你说"没事儿"的那一刻，真的很想回去抱一抱你。

"不要难过，不要慌，不要一着急就觉得自己真是一无是处，努力了这么久还是这样的结果。亲爱的，一切都会过去的，我们总要好好过眼前的生活。不管上天赐予我们任何挑战，迎面而上就是。相信我，everything will be fine，一觉醒来，还有爱你的我们，还有阳光繁盛的未来，爱与阳光，一直都在的。"

本来很认真地在安慰你，结果你忽然来一句："哎，明天去肇庆找你，包吃包住吗？"

"嗯，包吃包住包陪聊。"

"三包吗？"

"对啦，三包！你明天几点的车啊，喂！"

后记：亲爱的，永远不要跟这个世界硬碰硬，要以柔软之心去对待一切出乎意料的事情。要相信，所有的坎坷都会成为前行的风景，你的未来，还有那么多的可能性。

我的青春没有被喂狗

姚轶成

人体生理机能达到极限的时候就容易陷入幻想，继而发呆，昏睡，直到被同桌摇醒。我现在就是这种状态。

晚上一点入睡，早晨六点起床，晚修上到十二点，午休不超过一个半小时，每天十二节课，一周只有礼拜天下午休息，这是我所在的这所高中的正常作息时间。难以置信吗？不，习惯了啦。难得有这样一节语文自修课，我的文字就这般羞答答地流淌了出来。

论坛里有一个关于青春的叩问，说："如果你没有……没有……没有……，那你的青春是喂狗了吗？"如果按照此标准来衡量，我现在的青春已经符合喂狗的条件。还好我也曾有过一段肆意张扬的日子。不过，那时候的青春，亲爱的狗狗你吃得下吗？

我以为的青春，是以一种近乎游离的欲望来与生活互掐，是某一时期的状态，但绝不是由特定的年龄作为限制。在这一状态里的个体所做的举动往往会被冠以张狂的名号，但却是最美好的，真的，是最美好的。

那时候装备着这一属性的我，会在上地理课之前，以走读生的"身份"携两三损友翻墙出校，驾上机车，到山顶狂饮几支"纯生"，继而奔向游戏厅。遭逢停电，就宽衣解带跃入河中，算好时间，与同行者速回教室，稳坐凳上，伸出双手——第四节，按太阳穴，轮刮眼眶。

之后的事记得是这样的：第一桌的小个子同学不知怎的，奉老师旨意，记下我等名字之时，漏下我的。或许是把我桌上的蓝色外套视为真人了吧，抑或是对我垂涎已久，借此时机对我暗许芳心吧（呃，好像不对呀，我俩都是男的）。然后，那几位的境遇，你懂的。再然后，疏忽大意的我数学不慎弄了个满分，于是班主任言曰：看看你们，整天形影不离，考试下来却是天壤之别。朽木！我就说你们是朽木的。不过我自然是少不了被几位壮士敲诈一顿，一个个狼吞虎咽，吃得我心口直发怵，我的生活费呀！这叫最佳损友。

我这一辈子都会记得书上的那句话，就是，那个，哎呀还真忘了，反正就是以苹果为喻告诫我们谈恋爱是没有好下场的，是万万使不得的。所以，我也从未越雷池一步，小小的悸动总是有的，到现在也早已被抛到过往云烟中了。

只有像现在这样，心灵突然放空的时候才会回想起这些美好的日子。而其余的，就被六个数字充斥了——211和985。为了实现桌子上所贴的分数，去圆我的大学梦，不再会像过往那样肆意妄为。而且，我如今的思想也不会放纵我去做诸如此类的事。现在，考虑得会更多，青涩不再，张狂不再，有的是一米见方的静谧之地，供我做困兽之斗。嗯，这样的转变，是不是叫作成长？

在现今的格调里，成长一词，约略带着几分"贬义"与惆怅，被当作是一张白纸被物欲横流的社会泼墨而成的玩偶。当然了，我不是愤青，我的笔墨也不会染有批判。成长于我而言，是对周遭一切态度的转变，无所谓提高或是别的什么。我常常想着把它当作是一种遨游，一种人生所必须经历的体验。即使年华蔓延得再迅猛，也不会改变心底最真的想法，一样的心灵，不同的态度。嗯，这就是我所理解的成长。

"时光无伤／如野百合的芬芳／在那寂寞山谷角落里／我心依旧说时依旧……"

058

留给你的夏天我永不抵达

晚安人海

1

高考完的一个傍晚我在家整理已经用不着的课本，妈妈的训斥声在客厅不断地传来，配上隔壁家装修的噪音让我心烦意乱。

没有看清是从高一的哪本书里掉出来一张卡片，潦草的字迹有气无力，我甚至不用看内容也能知道这是谁写的——我喜欢过的人并没有一手好字。

大概是我生日那天没有看到的祝福贺卡，记忆里的深夏，顾晚海趁着假期连打几份暑假工，只为能在生日时给我一份像样的礼物。而我在时隔一年后即将分别两地的情况下却忍不住感慨，可笑的是一直到最后我们什么都不是。

就像如今他有他的海阔天空，我只有我的十丈软红。

还没来得及看顾晚海都写了些什么，妈妈已经推开房门冲了进来，我吓得把卡片随手一扔结果不偏不倚掉进了靠墙的书桌缝儿里。

妈妈瞥了我一眼，张口就吼："许潮烨，你搞什么鬼？一整天待在房里，待会儿身体闷坏了都没人知道，快给我出去散步，到处走走！"

　　我就这么被我妈从家里赶了出来，傍晚时分的风带着夏天特有的气味，像极了以前顾晚海带我去学校天台吹风的时候。我并不是一个很喜欢怀念从前的人，因为有时候一想起，就会带着莫名的疼。可就是在这样的时刻，我翻开了有关顾晚海的所有回忆。

　　在那个还只有十六七岁的年纪，顾晚海坐在天台上问我："为什么大多数故事的结局都发生在夏天，而且都关于离别？"

　　那时我只是笑着摇了摇头，是真的不知道。

2

　　高一开学，顾晚海一米八的个子加上好看的侧脸，要说没有引起我的注意那是不可能的，我是标准的外貌协会会员。

　　老班是一个特不负责任的老头儿，他交代完新生守则后剩下的时间就留给我们同学之间交流感情。

　　同桌赵休思兴致勃勃地跑去顾晚海的位置旁说话，老班倚在教室门口指着同桌说："哎，那位同学，你和你前后左右桌交流交流感情就得了，怎么还跑出这么远？"

　　赵休思吐了吐舌头，大概漂亮的女生总能轻易博得人们的好感，老班也只是摆摆手没有再说什么。

　　教室里嘈杂了好一会儿，在广播响起催我们去操场参加开学典礼的时候赵休思依旧没有回到座位上。

　　那时我和顾晚海的交集只限于同桌跟他很熟而我沾光能跟他打上招呼，就连顾晚海对我的称呼也只是"赵休思的同桌"。

　　而我对命运总是眷顾我这件事一直坚信不疑——第一次放假回家的路上我意外地遇到了顾晚海，然后和他一路走到家才发现我们两家竟然相距不过两百米。

　　顾晚海和他爸住在一个工厂的旧宿舍里，最初我还以为他家的经济情况不是很好，后来才知道是很不好。

即使了解到顾晚海并不是我心中的完美王子，我们之间的关系还是急速升温，外加上一个赵休思。

那段日子真的很美好，肆无忌惮的青春漫无目的地追寻，我和赵休思整日围着顾晚海转，自作聪明的我意识到了点儿什么，但是很久以后我才知道最初也只是我一个人"心怀鬼胎"而已。

如果说故事的开头总得要有一个人先动心，那么我就是这个人。喜欢一个人从来不需要理由，当然伤害一个人也同样不需要借口。可惜我没有先见之明，喜欢了就是喜欢了，我不说出口，没有人知道。

高一结束要分文理科，我理所当然地听从家人的安排选择了文科。

这一次命运出奇地没有眷顾我，反而让顾晚海在赵休思的理科隔壁班。

我只能在每次回家或返校的时候和顾晚海走在一起，偶尔放假约出来玩儿。我爸看出一向不爱出门的我十分反常，像天底下所有的家长一样质问我是不是谈恋爱了，我妈在一旁一边打扫卫生一边对我爸说："你还不相信咱们女儿吗？谁会不长眼看上她？"

虽然知道这是妈妈开玩笑说的话，但我依旧试探着把这事讲给了顾晚海听，他笑着说："怎么你也不相信自己吗？看上你的人一定多着呢！"

我暗想，如果看上我的人其中有你就好了。可惜不是有这么句话嘛，我遇见你就已经花光了我所有的运气，哪里还有运气再来奢望别的事。

061

3

本来以为日子还会这么平静地过下去，简单幸福就好，却不知道这一直都只是顾晚海的表面——他的生活，比我想象的要水深火热得多。

那天下午我如常在课堂上玩手机，赵休思突然发短信问我怎么这两天在隔壁班都没看到顾晚海，我的心突然漏跳了半拍。

顾晚海一直以来都是安分守己的优秀学生，几乎从不迟到旷课，也没有我发短信或QQ他不回的情况。

我没有顾忌什么，下课后直接跑到办公室找到顾晚海的老班询问。他老班先是皱着眉头问我和顾晚海什么关系，然后告诉我他联系不到顾晚海的家人，也不知道是怎么回事。我憋红了脸对他咬牙切齿道："你是怎么做班主任的？学生没来就这么不管不问吗？"

那天我的老班也在办公室，大概他从没看到过我如此失态，拉着我离开了办公室。

我老班还是高一时的那个老班，很有缘他教我三年，虽然第一印象觉得他就是一个不负责任的老头儿，但这次我要郑重地收回这句话。

"你和顾晚海关系很好吗？那应该知道他家在哪儿吧？"

"嗯，很好的普通朋友，知道他家的大概位置。"

"毕竟他也是我从前的学生，要不你带我去他家找他，看看是不是发生了什么事。"

说去就去，我立即拉着老班乘了很远的公交车来到顾晚海住的工厂宿舍。工人们正在做工，机器声震耳欲聋，漫天的灰尘让我连呼吸都很不舒服。

老班找人问到顾晚海家的具体位置，带我走到一个只有两层楼的宿舍。如果不是曾经来过，我一定想象不到竟然还有人住这样破旧不堪甚至随着巨大的机器声轻微摇晃的房子。

老班敲门后是顾晚海开的门，本该高兴的我在看到他被医用纱布包裹的头部还渗着红色的血迹时，眼泪差点儿控制不住流出来。

就是那天我才彻底了解到顾晚海的家境，他是单亲家庭，爸爸是这工厂的一名工人，嗜酒如命，喝醉就发酒疯。

返校的路上，我哀求的目光不停地望着班长，他实在受不了我了，对我说道："放心吧，这件事我一定上报学校，让公安局妥善处理。"

4

顾晚海是在半个月后才返校的，他爸爸一再对学校和民警保证不会再喝醉打他了。

那天顾晚海约我去学校的顶楼，年久失修的门经不住岁月洗礼被顾晚海一脚就踹开了。他跳上天台望着远方，有风吹过时他的刘海儿被掀起，额头的伤口已经结痂。

"其实，我爸很爱我。如果我妈没和他离婚，大概我们都会很幸福。他只有喝醉了才会那样，但是说真的我一点儿也不怪他。"

我以为很多这样家庭中的孩子大多叛逆、偏执，带着对生活的愤懑，可是顾晚海总是用善良面对这个世界。

很多天里我看顾晚海中午只是吃一个面包就草草了事，然后和我在天台边吹风边温习功课，我问他是不是没生活费了，他也不肯说。

直到有次傍晚我在回宿舍的路上碰到顾晚海在废弃的旧宿舍楼鬼鬼祟祟的，出于好奇心我偷偷地跟着他。

不知道在哪儿捡的十几只流浪猫被他用大箱子装起来，他从单肩包里掏出一袋猫粮小心翼翼地喂每一只小猫。

看吧，顾晚海总是这么善良，这也是他一直能够吸引我的原因。

学校里明令禁止养任何动物，那晚我和顾晚海商量准备放假把这些流浪猫转移到我家附近，我会拜托我妈好好照顾它们。

事后顾晚海对我感激不尽千恩万谢，我妈则对我埋怨不绝，恨不得把我扔去喂猫。当然这些事我都不敢对顾晚海说，以他的性格一定不会让我为他负担任何压力。

顾晚海开始在学校的天台上对我说很多很多的心里话，那些时光就像风吹过，撩人心弦又过得飞快，想抓都抓不住。

高二的暑假顾晚海整天忙得焦头烂额，我在不同的商场和餐厅逮着他好几回了，终于他向我坦白他急缺钱用才同时打几份暑假工。我担忧地问他需不需要帮助，他摆摆手说他自己可以赚到的。

深夏，天气燥热让人心情沉闷无比。我的生日聚会开始半个钟头了顾晚海都没有出现，在我和赵休思犹豫着要不要再去他家看看的时候，顾晚海抱着一只比我个头儿都大的熊出现在我眼前。

"给，你的十七岁生日礼物。生日快乐！"

5

高考前的某一天，顾晚海站在天台上问我，什么叫陌路。

我突然笑了，笑得花枝乱颤，笑得热泪盈眶。

顾晚海问我怎么了。我说："你看吧，当你不知道我为什么笑为什么流泪的时候，就叫陌路。"

6

高三的一天，老班急急忙忙地找到我说几个工人到学校举报有学生在修高速公路的工地偷盗金属拿去卖，其中有顾晚海，并要我去看看是不是真有这回事。

我不敢相信那么美好的顾晚海会做这样的事，但是在年级政教室里他对此事供认不讳。

我不知道那天我是以怎样的心情劝说自己去面对顾晚海的，也不是很愿意去回忆。

"为什么你要这么做？这样会毁了自己的，你知道不知道？"

"我没钱用了，高三需要买的资料太多，所以……"

我发誓，我这一世说话都没有那么刻薄过："你穷就该去偷吗？你穷去偷就理所当然了吗？你没钱不会和我们说吗？我不会给你吗？"

顾晚海一脸震惊地望着我，就连我自己也不相信我会说出这样的话。

"你就这么看不起我穷吗？"

"我没有看不起你穷，我是看不起你。"

左边脸颊瞬间火辣辣地疼，我挨了顾晚海一个耳光。

转身，各自离开。有人说，分道扬镳的时候不难过，但是很寂寞。可是为什么，我还是这么难过？

本来就是两个平行世界，互不相交，从今往后再也不关注、不遇见。

赵休思的生日聚会上，我们再次尴尬地聚在一起。最残忍的不是对一个喜欢的人很失望，而是他当着你的面告诉你他喜欢的从来都是别人。

那天他在很多人面前对赵休思表白，被赵休思拒绝了。顾晚海诧异地问出了我也想问的问题："你不喜欢我吗？"

赵休思撩了撩披肩的发丝："喜欢啊，谁不喜欢长得又帅还好相处的男生，但我对你的喜欢不是关于爱情的喜欢。"

那天顾晚海坐在学校天台上看了很晚的星星，我和赵休思在旁边陪他。

"许潮烨，对不起。"

也许喜欢的人不管做错了什么，只要那么一句"对不起"，就能轻而易举地被原谅。

7

佛说，世间有八苦：生老病死，爱别离，恨长久，求不得，放不下。

青春健康的我却偏偏品尝了其中的一半。

高考前夕，市里要评选优秀学生，备选名单里的顾晚海信心满满，学校里却传出了之前他在工地偷盗金属的事，最后学校不得已除去了顾晚海的名字。

顾晚海怒气冲冲地找到我："许潮烨，是不是你到处传我的事？"

我的心刹那间如寒风吹过，疼痛难言："你就这么不信任我吗？"

"信任你？我早就看出来你还对那次我打你耿耿于怀，再说这事本来就只有你知道！"

"我承认老班当时只告诉过我，但你这点儿破事儿想不让人知道都难。"

顾晚海脸色铁青地怒视着我："以后不要在人前说我任何话，也不要说我认识你！"

大概心死就在一瞬间，我努力地装作无所谓的样子："那以后我们就当陌生人。"

晚上回家喂那十几只流浪猫的时候，我捧着猫粮在无人的夜晚哭得像一个小孩儿。

从此在学校我对顾晚海不闻不问，不见面，不联系。

而顾晚海就像是忘了那件事一样，就算我不搭理他，他也跟我照常打招呼。

赵休思的成绩在高考复习阶段一日千里，上一本是稳稳的事，而我始终在二本线边缘徘徊。

高考时我超常发挥过了二本线，赵休思告诉我她不仅去了一本大学，还和顾晚海在一起了。

"在一起，是哪个在一起？大学在一起，还是你们两个人在一起了？"

"都是。"

8

上大学的前几天，我接到顾晚海的电话，他问我大学去哪儿。

如果关心，大概不用问也早就知道。

"南下。"

"好可惜啊，我北上呢！"

可惜吗？大概吧，好可惜多年以后，一南一北。

在去大学的前一天我在房间大扫除，搬动书桌时捡到那张被我遗忘的卡片。

顾晚海在上面写道："真希望我们在每一个夏天，都友谊长存。真希望你在每一个夏天，都有一个美好的故事。"

曾经顾晚海不是问我为什么大多数故事的结局都发生在夏天，都关于离别吗？

现在我终于明白，故事之所以有结局，那是因为故事都是杜撰的。而现实里的结局，就如同现在我和顾晚海一样没有结局。

067

就像，以前想要留给顾晚海所有的夏天，我永远都不会再试着去抵达。

我想成为你这样的人

　　夏日的太阳焚烧大地的一切，我躲在教室的一隅做着墨香未褪的试卷。偶遇难题，良久不可攻坚，我心中甚是烦闷，忽然你拿起笔，在数处勾勒圈点，让我豁然开朗。在我正欲道谢时，你却走向另一位同学，以同样方式加以讲解。暖阳和煦照耀我心，好想成为你这样的人，不仅因为你优异的成绩，更因为你热情的内心与带来微笑的能力。

　　你热情的心深深地让我感动，让我决心成为你这样的人。

我想成为你这样的人

徐天擘

人走流年，星染芬芳，在那些无法被时间洪流泯灭的记忆里，在那个闪耀着神圣光芒的地方，珍藏着许多难忘的记忆，许多曾经追逐的梦。与你共度三载的记忆化为一湾清水，映出我想成为你这样的人的愿望。

心似烈火，燃烧自我，温暖他人。

夏日的太阳焚烧大地的一切，我躲在教室的一隅做着墨香未褪的试卷。偶遇难题，良久不可攻坚，我心中甚是烦闷，忽然你拿起笔，在数处勾勒圈点，让我豁然开朗。在我正欲道谢时，你却走向另一位同学，以同样方式加以讲解。暖阳和煦照耀我心，好想成为你这样的人，不仅因为你优异的成绩，更因为你热情的内心与带来微笑的能力。

你热情的心深深地让我感动，让我决心成为你这样的人。

心若止水，镇静沉着，感动他人。

坐在空调遍布的演讲大厅时身上凉爽，心中却为你捏了一把汗。偌大的大厅听众席上坐满了人，几乎可以湮没一切。你走上了台，几百个光点打在你的身上，我在心中敬佩你的勇气，换作我怕早已魂飞魄散。你沉着地读着稿件，激昂的情绪一次次感染了听众的心。你伴着雷鸣般的掌声下了台。我对你的仰慕早已油然而生，好想拥有你的勇气，好想成为你这样的人。

你平静的心深深地让我迷恋，让我决心成为你这样的人。

心尤坚钢，坚持不懈，震撼他人。

天光浅浅，风水转转，一向成绩不错的你，不知为何一落千丈。望着你沉默的面颊，不禁为你失望与惆怅，放学了，我一路小跑地赶上你，本想安慰你，却被一句"轻言放弃是我的耻辱，艰苦奋斗是我的作风"点醒，才发现自己心中多么狭窄，自愧不如和敬意早就充满了我的心。在你那高大的背影下，我是想成为你的一株小草。

你坚毅的心深深地让我痴迷，让我决心成为你这样的人。

三载经年，忽而闪过，留下你在我的心中。我只想成为你这样的人，与明月共度春秋，在天地间再创辉煌。

我想成为你这样的人

有梦想的人永远年轻

左 夏

暑假回到家乡，到一家新媒体工作室实习，作为采编记者跟着摄影师一起去探访老一辈的手工艺人，其中一个编竹扇的老奶奶令我印象深刻。

在老人家里坐了一个来钟头，听她讲了过往几十年的人生历程。说到伤心处老人家不禁红了眼眶，一个劲儿地感叹："人活太老了，就是会被嫌弃，没什么用处，生活也没什么盼头，活着没用啊没用。"

人活这一辈子，到底是为了什么？

我试图去寻找这个问题的答案，却一直毫无收获。直到某天我无意间看到了一个改编自真实事件的微电影。

五个台湾人，平均年龄八十一岁，一个重听，一个得了癌症，三个有心脏病，每一个都有退化性关节炎。故友老去，身穿黑衣的他们在追悼会上相遇，目光呆滞地围坐在一张桌子上。有人拿出一张年轻时众人的合影，照片中的七个好友，已有两人离开人世。被疾病和苍老束缚自由的他们，再也无法忍受行尸走肉般的生活，再也不愿拖着年迈的身体于世上苟延残喘！为了梦想，他们拍桌而起，一声老迈却铿锵有力的呼喊响彻耳畔："去骑摩托车吧！"这一声呐喊不仅震撼了观众的心，也点燃了老人生命的激情。

镜头切换到一个锈迹斑驳的仓库铁门，头发苍白的老人逆光站着，铁门打开，夕阳的余晖覆在落满灰尘的摩托车上，老人的眼里透出坚毅而执着的光彩。这一刻，踏上征程，就是自己的英雄。

六个月的前期准备，他们拔掉了吊针，丢下了拐杖，扔掉了药丸，积极锻炼身体，最后骑着摩托车冲出了阴暗的隧道，就像在超越自己原本苍老灰暗的生命轨迹。环岛十三天，一千一百三十九公里，从北到南，从黑夜到白天，互相扶持互相帮助，有过病痛复发的折磨，也在险峻的沿海公路出过车祸。但是这群耄耋老人，穿上帅气的机车服，就如同大圣披上红色的战袍，眼里迸发出梦想的火焰，带着一往无前的勇气，毅然决然地朝着前方开进——"大圣，此去欲何？踏南天，碎云霄，若一去不回，便一去不回！"

最令人动容的，还是那两幅挂在机车前后的遗像，一个是挚爱的妻子，一个是情同手足的兄弟，恍惚之间，生死之隔，年轻时候的约定，来不及参与的你们，我替你们实现了……

"有一天晚上，梦一场，你白发苍苍，说带我流浪，我还是没犹豫，就随你去天堂……"

于是影片的最后，五个头发花白的老人来到了青年时合影的海边，尽管岁月在他们脸上刻下了深深浅浅的沟渠，回忆的厚重也压弯了曾经笔挺的背脊，眼神中却自有一份时光泯灭不了的气节——厚重、深邃、勇敢、刚直。五个老人面朝大海，站成一排，举着朋友和妻子的遗像，就像年轻时候那样，依然是这片海，依然是七个人。人为什么活着？屏幕最终打出了一个字——梦。

我想，没有比这个字更好的答案了。

如果我不看小说，我也不会当学霸

愈 之

　　甜甜和我是前后座兼好朋友，我喜欢看书，她喜欢看电影，我最喜欢的是外国小说，《牧羊少年》《庄园夫人》《乡野绅士》……只要沾上一点儿外国风情我都来者不拒，甜甜也喜欢外国的物什，她手机里的电影中十有八九会出现尖顶的教堂、精致的花园以及带蕾丝的洋装。

　　上自习课的时候，我看书，她看电影，发现老师出没就相互提醒，有一次看得太专注了，被老师一块儿抓进办公室，并且没收了"作案工具"，作为交换条件，我们要在期末考试挤进班级前十五名。

　　"努力一把总是可以的。"班主任对我们说，"否则你们就别想要回这些东西。"

　　那会儿班上有五十多名同学，我们排在三十名前后，进前十五名说难不难，说易不易。

　　甜甜的手机是新买的，我的书上有作者签名。所以我们必须努力一把。为此，我们制定了一张专属时间表：每天早上6点起来背单词，中午放学留在教室里默写半个小时的古诗词，下午放学后不解出一道数学大题不回去，晚上10点之后开始复习各科内容。

　　开始的一两个星期，我们在相互监督之下顺利达标。

　　可是电影和小说的魅力实在太大了，我家里不止一本外国文学作品，甜甜家境富裕，苹果没了，还有三星，后者还是大屏的。所以第三个星期坚持了一半，我们又开始了我看小说她看电影的生活。

不努力学习的学生活该进不了班级前十五名。

但班主任也没有难为我们，东西最后都还回来了。因为学校要求老师不能把没收的财物据为己有，而且我们都比期中考试进步了两三个名次。

取东西时，班主任叹了一口气："你们都不是笨学生，如果一个能够不读小说，一个可以不看电影，你们一定会变成优秀的人。"

你知道的，这个世界上没有"如果"。

书被没收的时候我当然想过要努力学习，但"不看小说"这件事对我来说实在太难了，我做不到。同样的，喜欢看电影的甜甜也没法放下手机里的影片，那会儿我们总忘不了相互调侃相互挖苦，我说她看的电影无聊，她说我读的小说没趣，偶尔说着说着就吵起来，吵完就冷战一晚上，第二天自然而然地和好如初。我们不想失去彼此，哪怕不明白为什么同样是外国风情，对方却不愿意与自己采用同样的方式来了解。

事后她问我读小说是不是影响了我的学习，我觉得应该是有的。别人用周末补习，我拿周末读小说，别人的自习是先写作业后复习预习，我的自习是先看小说后写作业，至于复习和预习？看心情！

如果我不看小说，或许我真的能变得很优秀吧！这种想法一直延续到某一天，我看到QQ群里有人问写稿会不会导致近视，我不假思索道："写不写稿我都戴眼镜。"不看小说的我会成为另一个样子的我，她或许会喜欢上别的东西，或许什么东西都不会让她动心。但她也很难成为学霸——一个不把关注点放在学习上的人，总能花费掉原本属于学习的时间和精力。就像不看小说的周末，我会逛街、睡觉、看电视，但不会碰触与功课有关的一切。

或许你不做事情A，你就会成为优秀的人，而一个真正优秀的人无论是否做事情A，他都是优秀的。

离男神只有三步的距离

绸缪

1

　　去年六月，我毕业了。在一大杯液体面包和狗友们的怂恿之下，我壮了壮熊胆儿，做了一件毕业之前都不敢做的大事——当众给男神发去了好友申请。

　　周围一圈儿人一致肤浅地唏了个嘘。

　　嘘什么嘘！跑马拉松也要预热一下吧！

　　于是上帝让我这个胆儿忒屄的"伪汉子"预热了整整一年，最终在6月燥热的校园里看见靠在银杏树上低头摆弄手机的男神。

　　哦！那里有个人长得超像男神！——这是第一秒的脑回路。

　　啊！真的是男神！活生生的男神！——这是第二秒的脑回路。

　　嗷！快冲上前要手机号！——这是第三秒的脑回路。

　　然而三秒钟之内产生的兴奋足以刺激大脑皮层和神经中枢，控制我的双腿以一种豪迈、矜持又狂放的步伐朝树下走去。

　　正当我快同手同脚时，口袋里的手机及时响了一声。那个专为男神设的企鹅显示着对方同意我的申请。

　　原来他刚刚才看见啊。顿时大脑皮层的兴奋如潮水般退去。

快回家快回家，有企鹅号就够了还要什么手机号！脑中黑毛熊劝道。

好不容易在偌大的城市偌大的校园里偶遇男神，不说上几句话太对不起一年前你辛辛苦苦考到这里。一边白毛熊吐槽。

……我突然好想去熊本县看二熊了怎么办？

左腿微微抖动着向后挪了半毫米。

"亓周……吗？"背后有人叫住我。

我的天啊，我都勇敢迈开撤退第一步了怎么还有人阻碍我。

等等……是谁在叫我？

我僵硬地扭头望向树下，慌乱地撞进亓周略微惊讶的目光中。男神收起手机三步跨上前来，露出一口整齐的白牙，温和地冲我笑道："好巧啊。"

"嘿嘿，是好巧啊。"

2

"你要出校门吗？"

"嗯。"

"好巧我们是一路的。一起吧。"

亓周说出这句话时，我强行冷静下来，心里默念着：顺其自然。

顺其自然啊。白毛熊端坐在心里狠狠戳我一下：默默仰望了七年你就再仰望四年好了，胆小鬼！

突然我的眼睛有点儿酸涩，不知道是不是结膜炎又犯了。中学六年，我和亓周住在同一个小区里。我不知道他家的具体位置，但我每天上学路上都会看见亓周。亓周个子高腿长，上学时会大步走在前方，而我迈着小短腿，踩着碎步跟在他身后，看着他的背影，一点儿一点儿靠近，在离他三步远时慢下来，装作欣赏路边的花草。等距离拉得快要看不见他时再加快步伐，就这样日复一日地，乐此不疲。六年来我热衷于

我想成为你这样的人

这项游戏，亓周从未回头，我也从未追上前和他说过一句话。就连他要去哪座城市都是从同学口中得来。不知道亓周住哪儿，如今看来，只是因为我一直顺其自然，从未有上前三步的勇气罢了。

"你在哪个系？"男神在我心脏的那边走着，车辆过往时身躯微微侧过来护着我，半倾下来的阴影带着银杏叶的清香，让我为自己一双识人的慧眼自豪：我的男神就是这么绅士！

"中文系。"

亓周的右手放在身侧，打球晒黑的皮肤吸引了我的注意力。

元皖加油！勇敢地上前握住他的手吧！黑毛熊一屁股挤开白毛熊，举着小红旗卖萌打滚。

"H大中文系蛮好的。我在T大医学系，我叫亓周。嗯……记得我吗？高中时我在隔壁班，学理科，我们还住在同一个小区呢。"男神有些不自然地抬起右手抓抓头发，无意错开我蠢蠢欲动的肥爪儿。

欸？你认得我？得知真相的我开心得快要飞起来了。

"当然记得。你冬天穿白色灰色的羽绒服，夏天穿黑灰蓝三件印有熊猫的衬衫，春秋校服里头还加件菱形格子的羊毛衫。"我再次为自己明亮的双眼自豪着：我的男神孝顺懂事，高中衣着干净整洁从不挑剔妈妈给他买的衣服，穿什么都像高档货。

……当然，现在也一样。

"咳，你观察得真仔细。"男神被口水呛到，咳得满脸通红。

我踮起脚轻轻拍着他的背，打圆场道："女生嘛，对衣着的眼光当然要在意一些了。"

还有句话我不敢说：只是本宝宝有些斗鸡眼，全关注到你一个人身上了。

3

虽然我在远离琼瑶的年代里长大，但也没有逃过于妈的洗脑。不是没有思考过白马王子与白马唐僧的区别，而是在思考无果后，将男神与神祇画上等号。

离我三步远，便是最完美的仰望距离。

"拉倒吧你。"宿舍邻床的东北"真汉子"金言盘腿靠在床头，瓜子嗑得满天飞。无视我拿着扫帚对她扫射的小眼神。她像个被偷了蛋的老母鸡一样直冲我咯咯哒："你以为这个距离是安全地带吗？不，这恰恰是最危险的过渡区。退一步是尴尬的陌生人，进一步是暧昧的朋友。亓周你个傻蛋，先看清楚自己再文艺吧！"

"你还要不要我妈做的豆瓣酱了？"我威胁道。

没怎么尝够南方菜的金言立马乖乖变成禁言。

我看看手机里刚要到的男神手机号，尾数是0216，和我的生日一样。真是让人感到开心的幸运，但我却高兴不起来。

我在亓周心中是什么样的呢？或者说，我应该成为亓周心中什么样的人呢？

顺其自然就好了。

转眼轰轰烈烈的期末考铺天盖地地袭来，我在开通宵车的同时肩负着英语四级的重任。与熊猫同款的眼圈让我面对亓周发来的关于社会调查的邀请短信不得不狠心拒绝。

好不容易快熬出头了，不能功亏一篑！

在我消失了三周后，亓周来图书馆找到我，见面第一句话就说："大一考四级，你太拼了。不过，加油！"大拇指朝上顺便卖了个萌，萌得我一脸鼻血。

收到男神表扬的我飘飘然："你呢？打算什么时候考？"

"上学期就考过了，"男神跷着二郎腿风轻云淡地说，"语法高中学完了，背背单词就能过。"

呜呜呜……果然我就不应该向你这个当年全校第三的人寻求安慰……

"亓皖，别太累了。等考完和我们学校兽医院去动物救济站做志

079

我想成为你这样的人

愿者好吗？"男神的眼睛朝我放光。

我神差鬼使地点点头，于是光荣成为兽类疫苗小组的临时搬运工。

4

"元皖，这些东西太重了你搬不动。"亓周伸手想接过我怀里的两袋四十千克的猫砂，被我拒绝了。

"我搬得动，忙你的去。你的手以后要拿手术刀的，不能出意外。"我伸腿一脚将他支到一边。

男神的手就由我来保护吧！

亓周无奈地笑了，剪着寸头的他在满院眼镜白大褂中显得颜值颇高。他伸出干净的手背擦掉我脸上的灰，问我："累吗？"

"还好，可能明天胳膊会酸。嗯，你知道的，我们中文系一群宅女，从不锻炼。"

"抱歉。我本来想带你过来散散心看看小动物的，谁知道人手不够让女孩子来干重活……"男神的嗓音简直要把我醉死在猫砂中……

欸……等等？亓周你别抢我的工作，保护手指要紧！啊啊……

5

金言告诉我，我觊觎了七年的男神有主了。

"你男神又不是狗，恋爱自由好吧。"金言拿着勺子挖起豆瓣酱大口大口吃得津津有味，一边还不忘给忧伤的我插上两刀。

真是两肋插刀的好朋友……还有酱不能那么吃，会死人的！

"那我烧点儿水。"金言说着端来热水壶。

这不是重点好吗！为了室友的生命着想，我强制性地没收了豆瓣酱。

"……所以我眼见并不为实。你男神只是充满爱意地抚摸了一下那位小学妹的长发，再牵着她的手两个人一起兜马路牙子而已。"金言的嘴不能闲着，没有零食的她又将那日在楼下偶然看见的一幕添油加醋地说了一遍。

"你怎么说的和第一遍不一样？"

"第一遍是客观陈述事实，第二遍是主观表达看法。一不一样对你来说没啥影响，"法学系学霸金言分析道，"关键在你。元皖，你的忧伤何处而来？你肯不肯上前问他，愿不愿主动表达呢？在我看来，你一直都在被动，一直都在逃避，一直都揣着明白装糊涂。"说到亢奋处金言一拍桌子大叫道："总之，元皖你就是个胆小鬼！你说，你敢不敢向前走三步！"

"……污言你说得没错，"我决定以后就这么叫她了，"我是个胆小鬼，从初中到高中我没敢和男神搭上一句话，拍照也只会用远程摄像头抓拍。但我了解他，知道他喜欢温柔小巧孝顺懂事的女孩子。我第一次见到他时他就在楼下等人，你会认为他在女生宿舍下等的是自己的姐姐或妹妹吗？"

银杏树生长得无比缓慢，却在我不经意间，弯弯绕绕占据心头最柔软的地方，渐渐金黄的树叶散发出浓密而清苦的香气，让我憋闷不已。

三步之外，香气清淡；三步之内，香气苦涩；所以三步，正好。

"拉倒吧你！"忽然意识到自己被改名了的金言顾不上纠正我，一脸便秘表情地拉起我的手，"孩子，不能逗你了，情商低真的药不能停。"

"该吃药的是你好吧，蹲厕王。"

"你家男神真的是等他妹妹啊。"

"嗯？大家不都是独生子女吗，我怎么不知道他有妹妹！"

高中课本告诉我们，认识具有无限性和上升性。

所以为了证明我的三步定律适用于这个时代，我壮了壮熊胆儿，跑到T大找亓周。

亓周穿着白大褂正在实验室里专注地解剖小白鼠。我趴在玻璃上，想看又害怕看。

"你也害怕这个场面吗？"有个特别萌的娃娃音在耳边响起。我扭头一看，哇！好萌的一只，温柔小巧一看就知道是孝顺懂事的女孩子！

我点点头，问她："既然害怕为什么还要过来？"

"我找我哥，"娃娃音十分认真地举起手指向我所关注的那个人，"那是我哥。他说要带我参观大学校园的。对啦，姐姐你知道吗，我考上隔壁的H大法学系，今年九月去报到。是提前录取的哦！"说完附赠一个萌萌的大眼神儿。

"啊，萌我一脸血。"我再次为亓周家的高颜值血统感到震撼，同时为同宿舍的法学系学姐感到羞愧。

来来来，小学妹，学姐请你吃冰棍儿，反正我们等的是同一个人……

四小时后当我俩腰酸背疼感叹逛街真不是人干的时，亓周换了一身便服，说要带我们出去撮一顿。

"撸串儿去！"我积极举手。

怎么能让男神付钱！我……撸串儿还是请得起的！

"不！好不容易逮个机会亓周请客，一定要宰你一顿！"已经和我熟得快要焦了的亓孙同学毫不留情打掉我的手，"吃海鲜！"

最终外表萝莉内心女王的亓孙同学在豪爽花掉男神半年攒的票子后，擦擦嘴拍拍屁股坐上高铁回家了。

"她的行李呢？"

亓周笑道："高铁很方便的，从A城到S市不过两个小时。以前亓孙每周都来。"

小丫头真土豪。

7

从车站回来天已经黑了。男神执意送我回宿舍。他一米八八，腿依旧很长，快到我的腰的高度了，所以每走两三步他就会停下来等我，等着我挺着吃撑的肚子跟上去。

走着走着，亓周突然轻轻地笑了起来。

"傻笑什么？"

"当年你上学总是迟到，所以我从未停下脚步。"

"这两者有什么关系吗？"

"我不走快点儿你会有危机意识吗？"

"哦，原来是这样的啊。我还以为你没有看到我或者故意躲着我。"学霸的想法果然常人都猜不到。

"还有你的注意力总是不集中，高二篮球赛每次我一进球你就给你们班加油，最后我们班没拿冠军队友把我往死里整，他们以为我是内奸。"

"怪我喽。"我只是不敢当众分享你的喜悦，因为我也怕被当作内奸打死。还有乱瞟不是病！

"还有我加你好友忘了附上名字你竟然把我拉黑了！结果毕业后半年你都杳无音讯！"

嗯？什么情况？我一脸蒙："你不是几个月前才看见我的好友申请吗？"

"什么情况？"亓周的反射神经开始和我同步了。

"就是那个号啊，我千辛万苦厚脸皮向你哥们儿要的。"我流利报出企鹅号。

"那个号？早给亓孙了。"亓周一脸无辜，"高考前本来要销掉的，亓孙到我家来玩儿，卖萌取走的。"

怪不得男神在企鹅上说喜欢温柔可爱孝顺懂事的女孩子。

关键是我还在上面处心积虑写了好多文艺的留言！

我回忆起亓孙上车前无害而甜美的笑容，背后一阵冒冷汗。

"我想学你们文科生来个文艺的偶遇，我等了一年，然后半计算半凑巧地碰到你了，"亓周眯起眼睛笑得像只狐狸，"认识你好久了，元皖。你能告诉我为什么称你的男神为男神吗？"

一步，两步，三步。离男神只有三步。

我曾以为彼此之间的距离永远只会大于等于三步。亓周向前，我望着他的背影，永远不会有交集。而亓周却停下了步伐，回首踯躅不前的我，转身，坚定地朝我走了两步。

他望着我，目光中充满信任与肯定。

我喜欢亓周，喜欢他七年。现在还是喜欢。从前我以为自己只有仰望他的资格，如今我不再犹豫，向前迈上一大步，与他并肩而行。

握起亓周温暖的手，我笑道：男神已经没有了，现在你愿意听我暗恋你七年的故事了吗？

科比，你好吗

暖 冬

作为一名"科蜜"，因为高三课程的缘故，我没有看过一场科比的比赛，我很难过。

身边的人都不能理解我为什么喜欢科比，他们说我疯了，说我神经病，更有甚者说我做作，我都不解释，他们不知道科比陪着我走过一段段迷茫黯淡的路，他就是我的信念，我的方向。他们说："科比跟你有五毛钱关系吗？"我说："是一块钱的关系。"

初三那年，我属于那种同学不理老师不爱的中等生，分座位的时候，由于我没有极力要求，所以我被分到了边疆地带——最后一排。临近中考，每每望着同学们奋笔疾书的样子，心中无限感慨和羞愧，可是因为没有压力没有动力，自由懒散惯了，要上战场了也提不起精神劲儿来学习。一个与平常无异的大热天，我却茅塞顿开，是不是因为我没有目标的原因？是不是找到目标就好了？机缘巧合，我在网上看到了曼巴精神，它说永不言弃，而它的主人正是科比，一个黑人球员，光着头、浓眉大眼，持球时身上散发着杀气，笑起来明眸皓齿，瞬间俘获了我的心。

"黑曼巴"是科比的绰号，那是非洲草原上毒性最烈的一种蛇。

科比说："黑曼巴是致命的，我在赛场上也是致命的，我不会惧怕任何人。"曼巴精神不是让你去进攻别人，而是要你永不停歇自己的脚步，人生是学无止境的，不断地学习是极为重要的，要坚持梦想，永不言弃。

相对于语言的力量，激励我的是科比本人的事迹。我记不住那些大数据，但我知道科比得到了五个总冠军，拿了七个MVP（美国职业篮球联赛最有价值球员）和其他很多奖项，但是他也受了很多伤，每次受伤他都不会放弃，他会告诉自己要坚持下去，要赢了自己，赢了伤痛。他说："伤疤的重要性体现在将不可能变成可能。"

爱的力量是无穷大的。科比成为我的方向，成了我的动力。我跟自己说，要好好加油，要考上个好中学，要考上个好大学，以后可以赚很多钱，要去洛杉矶看科比打球，看科比拿总冠军，可是这个梦想再也不会实现了。

我买来了科比的贴纸贴在了课桌上，买来了科比的海报贴在房间的墙上，每当我累了想要退缩的时候，看到科比，就仿佛他对我大声喊着"永不言弃！"这让我得到了无限的力量，挑灯夜读，悬梁刺股。

最终我顺利地升入了学校的高中部，也让我的初中没有留下遗憾。

高中文理分班的时候我选择了美术班，本来以为会像电视里那样唯美，可现实总是骨感的，地板因为碳粉而变得漆黑，空气里全是灰尘，枯燥无味的几何石膏体，一遍一遍地排着线条……现实与梦想的反差让我几近崩溃，可是又想着如果我能为科比画像，那是多美好的事情呀，于是我又对画画充满了热情和信心。努力画画，努力学习，坚持梦想，永不言弃。

都说中国学生有四大考：小升初、中考、高考还有毕业考，科比支撑着我走过了中考，如今又陪着我经历高考。虽然看不见科比拿总冠军了，但想去看看科比洒下整个青春的斯台普斯球馆，去看看洛杉矶凌晨四点的样子 。三年来我一直努力地做一个合格的"科蜜"，认真地践行曼巴精神，迎接一切挑战，抓住一切机会证明自己。偶像的力量在于他会促使你去靠近他，促使你去努力，促使你成为更好的自己。科比就是我的偶像。他使我在青春期不迷茫不彷徨，他使我努力向上，他使我变成更好的自己。

他的个子不高但眼睛很大，我没在现场看过他打篮球也没见过他穿白衬衫，可是我就是喜欢他，我也不知道我喜欢他哪里。

对于死要面子活受罪的金牛来说，承认暗恋和单恋是多么难的一件事。朋友总能轻易发觉我的小心思，每每她们追问我，我都脸红心跳地笑着告诉她们："我喜欢科比啊。"

已经三十七岁的科比在运动员中着实算高龄了。跳得没有以前高了，投得没有以前准了，打铁也和后仰跳投一样美如画了，从当年无所畏惧的愣头青变成万众敬仰的伟大球员。我没有见证过科比雏鹰展翅的样子，我也没有见证过科比披荆斩棘的辉煌，我只搭上了科比英雄迟暮的末班车。这几年来科比一直在和伤病做斗争，一次次倒下，又一次次惊人地站起来。科比用行动诠释着曼巴精神，勉励着无数人。

科比退役了，王者的离去让人惋惜，但比起荣耀我更希望他健康，愿他从此远离伤病，愿他永远快乐平安。

087

你是一树一树的花开

余可一

喜欢一个人也许可以隐匿到不让他知道，也许可以在分离的时候简单地告别，但是却要让他记住自己的名字。待他垂垂老矣时还能忆起，在他年少时曾经有个女孩儿为他抬起头微笑过。

早操也可以是一种期待

夏棉是宿管部的一员，其实宿管部是不招人喜欢的部门，一般都会和"得罪同学"之类的罪名相挂钩。所以在开学时每个部门都有新生争先恐后地报名，唯有宿管部既不宣传也不招新。夏棉作为班里入学成绩最高的学生，被老师叫去面试。大概老师觉得好学生比较适合做"得罪同学"的差事吧。糊里糊涂的夏棉也没有拒绝，面试自然异常顺利地通过。此后，夏棉就走上了早操时点各班人数，并顺便检查同学是否佩戴校章的道路。若要公事公办，夏棉也不免得罪过一些同学。但因此也结交了不少本不该有交集的人。直到今日，夏棉还暗暗感激当时老师的推荐。

高二分班后，文理科也分了出来。夏棉依旧每天早晨随机抽张点名表检查人数，偶尔抽到理科班，夏棉都会多几分紧张。因为一路走下去，几乎都是男生。年少的时候，脸皮总是特别薄，夏棉一路低着头数着几双脚以确定人数。数到尽头，夏棉转过身往回走，却不料被旁边正在做操的男生打个正着。男生不好意思地道着歉，夏棉顺着声音抬起头说声"没事"便继续走。男生手长脚长，夏棉从高一到现在已经被打过无数遍了，有时候连脸都能被甩到，也不知道是不是不小心的。只是这次的男生道歉时的笑容却印在了夏棉的脑海里，瘦瘦的脸，还有要努力抬起头才能看到脸的身高。夏棉把表交回去前再看了一眼班级，记住了高二（18）班。

忘了过了几天，夏棉再次抽到了高二（18）班，夏棉竟多了份期待。夏棉依旧低着头数着脚，但还是听到了男生们开着的玩笑。"赶紧问下人家的号码啊。""你问啊！""那么笨！"夏棉心里明白他们是在开她的玩笑，头更加不敢抬起来，匆匆往回走。

微博真是个神奇的平台

那时候的微博还比较流行，所以夏棉在回家时还是会上电脑刷一刷朋友们的动态。夏棉打开微博页面，看见了新粉丝中有一个些许眼熟的头像，可一时却想不出来。微博名是"润ZZ"，仔细一想似乎没什么朋友是这个名字。但这个粉丝还是勾起了夏棉的兴趣，原因就是头像里的男生看起来还真有点好看。想到这里，夏棉还真不愿意承认自己那么肤浅。回粉之后，夏棉也没有再去追究那是何方神圣，又或者说，夏棉只是想保持着她高冷的形象不愿意主动。

放暑假的时候，夏棉在家里面对着厚厚的复习书龇牙咧嘴。夏棉居然要高三了，高三在刚结束高二生涯的学生听起来总觉得很近又很远。短短的假期在因作业煎熬之余唯一让夏棉觉得放松的无疑就是看看电影、刷刷微博了。微博里大部分都是同学们在感叹高三的来临再加上一摞书的配图，看得夏棉心里更加压抑。忽然刷到一条生日的微博，博主正是"润ZZ"，配图是一群人围着他吹蜡烛的照片。瘦瘦的脸，比旁人高出一截的身高。夏棉脑海里闪过了一个画面。夏棉在下面评论了句"生日快乐"，刚发送，就收到了他的秒回"谢谢"。然后就收到了他发的私信。

"嘿，你知道我是哪个吗？"

"好像在哪里见过。那你认识我？"

夏棉并不确定是不是就是那个在早操时打到她的男生，妄下定论总是不好的。

"认识啊，你去过我们班检查人数。"

后来夏棉和那个男生渐渐有了联系，从微博到QQ，从QQ到手机号码。好的事物总是有互相吸引的能力，夏棉也忘了是谁主动问起，但没见过面的两个人就这样变成了相互问候的朋友。

我才发现，你很耀眼

后来夏棉知道原来他叫郑润，喜欢打篮球，但成绩不好，有很多女生暗恋他，他对暗恋他的女生很好，但不暧昧。没有女朋友。

高三的夏棉已经不再在早操时检查人数了，而是投入了早操大军跟着大众挥舞着双手。也就是说夏棉没有机会再存着侥幸的心理遇到想看到的人。夏棉在文科六班，与郑润的十八班相距甚远，任夏棉把眼睛眯成缝都望不到那熟悉的身影。偶尔在人潮散去时能够遇到去食堂吃早餐的他，夏棉也只是跟在他身后，看他跟旁边的人笑谈，亦步亦趋地跟到食堂。这样跟了几次，借着人潮拥挤夏棉并没有被发现。

夏棉的宿舍在篮球场旁，每天傍晚都有男生在那里打打球。夏棉住在三楼，阳台的窗户刚好向着篮球场。不知道是在哪一天，夏棉望着窗外擦着刚洗完的头发，忽然在奔跑跳跃的人群中认出了一个身影。夏棉像发现新大陆一样，惊喜极了，以前怎么就忽略了这样的风景呢。

以后的每一天傍晚，夏棉一回到宿舍都要往窗外望望，偶尔也会见不到他，那当然是有些失望的。

那颗糖很酸又很甜

他给了她一颗糖，她握在手心小鹿乱撞，小心翼翼地剥开认真地品尝。她也给他一颗糖，费尽心思地包装，他礼貌地接过。

可是有一天，她忽然发现，别人手里也有糖。她终于明白，那不过是一种友好的方式，无关暧昧。

夜修下课，夏棉跟同桌一起在楼道散散步，夏棉刻意走到理科楼，想路过教室时偷偷望一眼他，令人失望的是他并不在教室。夏棉拉着同桌往回走，一个高高的身影掠过，夏棉下意识地回了头，果然是郑润。

"嗨！"

"嗨！"

两个人第一次正式打招呼未免有些尴尬忐忑，夏棉紧张得两手扯着衣角，不知该走该留。"把你的手伸出来。"夏棉愕然地看着郑润，但还是把手伸了出来。"有点儿酸，不过挺好吃的。刚从隔壁班拿的。"郑润把糖放到夏棉手里，明明是晚上，却笑得让夏棉觉得周围都是明媚的。

091

阳光斜斜温度正好

高三的时候，很多人为了多一点时间学习都会选择周末不回家，留在学校学习，夏棉也是。有个周末下午，夏棉学不下想看部小电影放松一下，无奈偏偏把MP4落在家里了。夏棉发短信问郑润有没有电影可以看，其实夏棉只是想找个话题跟郑润联系下而已，并没有期待郑润会借。在夏棉意料之外，郑润把手机送到宿舍楼下借给夏棉。那时候很多人都喜欢看《暮光之城》系列，夏棉也很喜欢，乐呵呵地回到宿舍一口气把《破晓》看完了。

在夏棉看来，手机是一种很隐私的东西。夏棉没有想到他会把手机交给她。夏棉觉得会把自己隐私的东西毫无保留地放在一个人手里，那么那个人对于他来说，一定是特别的。

夏棉把手机还给他时，发了条短信表示感谢，"为了感谢你让我看上了喜欢的电影，给你讲个笑话吧。'我今天才知道耶，喜鹊喝太多可乐会变成乌鸦，欢迎光临说太多遍会变成谢谢惠顾，你的猫咪太黏你会变成兔子。'哈哈哈哈！好笑吗？""你在讲冷笑话吗？哈哈！"夏棉看着短信轻轻叹了口气。

后来，夏棉再也不用一路默默地跟在郑润的身后，偶尔在路上遇到，郑润会先送夏棉回教室，然后再折回自己的教室。偶尔在食堂遇到，郑润也会陪夏棉吃完饭。夏棉一直都是以吃饭慢为特点，但郑润还是很耐心地等着。偶尔在某个失眠的夜晚，郑润陪着夏棉聊天直到夏棉主动去睡觉。

是不是每个女孩儿都会设想在某个场合某个时候遇见某个人，然后开始某段故事？夏棉也是这样一个爱幻想的小女生。夏棉变得越来越喜欢穿校服，因为郑润也喜欢穿。夏棉觉得，两个人穿着一样的衣服，似乎就会多了一些联系。

但亲爱的，那并不是爱情

在这沉闷的高三里，夏棉每次见到郑润都像有闪闪的阳光照进来，瞬间晴朗。直到有天傍晚，夏棉在宿舍拿着手机正在跟郑润聊天，郑润说他要去打球了，夏棉也就依依不舍地放下手机下楼吃饭。就在夏棉走进食堂的时候，夏棉看到了郑润正坐在饭堂角落，对面一个女生正在吃饭，郑润时而低着头玩手机时而抬起头跟女生说话。夏棉认出了那个女生，用郑润的话来说就是"哥们儿"的关系。夏棉匆匆走过，心里像刚吞了整块冰一样，噎在心里又冷又痛。相信每个青春期的女孩儿心中都藏着一个温暖的少年，那种懵懂的情愫，一有点阳光就拼命发芽；一泼点雨水，又马上奄奄一息。喜欢的人儿不容一点点别人占有，否则就是与自己作对。可是，夏棉又有什么资格生气难过呢？她不过是他认识的众多女生中的一个而已。

如果说是什么事情让夏棉彻底不再对郑润抱有期待，那应该是夜修下课后偶遇郑润和一个女生散步的那一幕吧。路上偶遇然后一起走路那是朋友，刻意地相约散步则是超越友谊了。至少在夏棉看来就是这样的。

夏棉看着黑板上一天一变的倒计时，不敢把情绪赌在这猜不透的结局里，不再主动靠近。高三的夏天，大家都很忙，没有时间去找出高考以外的缘由因果。没有了刻意接近，夏棉他们就真的很少再遇到了。

棉花飘落的季节

六月，学校的木棉花开得好欢。一地红色的木棉花，微风飘扬夹着些许棉絮。拍毕业照的时候，夏棉看到郑润跟他的同学在操场的另一头拍照。其实夏棉很想跟郑润拍一张合照，夏棉觉得，或许过了这个六月两个人就不再有交集了呢？定格的照片才是青春最好的纪念。可是，夏棉站在原地远远地看着他发了好久呆就是没有勇气上前。太阳不知道什么时候已经彻底消失了，留下了一抹凄凉的红色挣扎在天际上。

蝴蝶眨几次眼睛

毕业，离别。生活不是连续剧，它没有在应该浪漫的时候响起煽情的音乐。它有的是猜不透的剧情和残酷的编剧。

高考后，夏棉留在南方。而郑润像人间消失般不知所踪。直到大学开学后，夏棉高中的同桌才一脸兴奋地告诉她，郑润去了某座下雪的城市，与夏棉的同桌再次成为校友。而夏棉也得到了她一直纠结的答案。夏棉的同桌在郑润面前提起夏棉的时候说："你还记得夏棉吗？""记得啊。""你觉得她怎样？""挺好的呀，学习好，人也好。""那你喜欢她吗？""喜欢啊；不过是朋友那种喜欢。在一起的话我比较喜欢爱玩开得起玩笑的女生。夏棉太乖太听话了，不是适合我的那种类型。"

至少，他还记得啊。记得在他最美好的三年的青春里，有个叫夏棉的女孩儿，她很乖，很听话。至少，在一树一树花开的时候，他们一起成长着。

只是夏棉还是有一点点可惜。曾经说过的那个笑话，忘了把最后一句讲给他听。"我今天才知道，喜鹊喝太多可乐会变成乌鸦，欢迎光临说太多遍会变成谢谢惠顾，你的猫咪太黏你会变成兔子。啊，还有人类太害羞的时候想说的话就会变成单字藏在句首。"

那句说不出口的话

　　不管我做什么，你都陪在我身边。你在我参加团体操训练的时候在旁边等到很晚，只为了和我一起吃饭；你在运动会结束后给我打电话约我一起回寝室；你会在期末的时候和我一起去教室复习，因为图书馆人太多。

　　今年的端午节，另外几个人回家的回家，出去玩儿的出去玩儿，我们两个人都只剩十元钱，穷得只吃得起一顿饭，吃一碗八块钱的面然后穷酸得只买得起一块五的小葫芦挂在门上。

那句说不出口的话

方 悬

　　见你第一面的时候，我心里就在想：呀，一定是个内向腼腆的姑娘。

　　你长得又高又白，一头长发乌黑柔顺至腰际，坐在桌子上晃着两条长腿打量着这个寝室，带点格格不入的气息。这是我对你的第一印象。

　　后来自我介绍，你说：我叫李嘉成。

　　我们都觉得这名字很霸气。

　　什么时候开始走近的呢？大概是我们知道我们两家所在的城市紧挨着的时候，大概是我们头对头睡的每个夜晚，大概是我太喜欢你了。

　　我们一起学跆拳道，又一起在学了没几天后放弃。我们一起学吉他，到现在也只会弹那么几个干巴巴的调子。632123，532123，432123。简单得像是在说话。

　　有一次我们一起吃饭，我把辣椒挑出来放在碗边，实在是太辣了。你非要让我吃你碗里的肉，我不吃，你坚持要我吃。几番推脱，最后，我说："那我让你吃我的辣椒你吃吗？"你二话不说夹起来就往嘴里送。

　　当时我就震惊了！震惊之余我吃了一块你碗里的肉。

　　不管我做什么，你都陪在我身边。你在我参加团体操训练的时候在旁边等到很晚，只为了和我一起吃饭；你在运动会结束后给我打电话约我一起回寝室；你会在期末的时候和我一起去教室复习，因为图书馆人太多。

今年的端午节，另外几个人回家的回家，出去玩儿的出去玩儿，我们两个人都只剩十元钱，穷得只吃得起一顿饭，吃一碗八块钱的面然后穷酸得只买得起一块五的小葫芦挂在门上。

你的性格太像小孩子，会对某些事有执念。有一次看到一个征稿题目，觉得很适合你，我就夸下海口说写你。你特别开心，问我什么题目。我说：素直的心。你更开心了。

后来写了一点儿就写不出来了，便放弃了，但是你每天追着我要看，说我答应你了，就一定要把它写出来。我说："你放心，我一定会写。"

可是没等到我写出来呢，我们的关系就破裂了。破裂这个词放在这里有点儿好笑，但是我找不到更合适的词来形容，就姑且先用它吧。

你说多巧，那天是我的生日，我们居然破裂了。

许多事在发生之前会有征兆，比如在这件事发生不久之前，我们已经不头对头睡了，我已经不再叫你"成成"而是改成"嘉成"了，我们已经不再什么事都一起做了。

然后，它就猝不及防地发生了。

因为我生日，你特意送了我很喜欢的小黄人锁头，你还说："你快试试，看看好不好使。"

我心里就在想，不好使也没关系啊，这么可爱，就算不好使只摆在那里也很好看啊，可是你很认真地试着每一个，看到它们都好使才吁了一口气。

室友D给我买了蛋糕藏在窗台上，她点上蜡烛想端进来给我一个惊喜的时候关了灯。

你说："怎么回事？"

我说："可能她在换衣服？"

另一个室友笑了。

D走进来说："生日快乐。"

我头也不回眼睛仍盯在电脑上说："谢谢。"

D又说了一遍："生日快乐。"

我边回头边说："知道啦。"然后就看见D端着蛋糕笑得见牙不见眼，她说："唉，我还想给你个惊喜呢，没想到被你和成成的对话破坏了。"

D有点儿失望，她说觉得对不起我，没能给我过好生日。我说没关系啊，我已经很高兴了。可是D还是闷闷不乐。

我发誓我说的话一点儿恶意都没有，单纯地只是想转移一下D的注意力，我说："都怪你。"

真的，我只是因为和你好，所以才这么说，我觉得这样跟你说没关系，你不会在意。

没想到你会生气，你说："不怨我。"

我说："就怨你。"

你坚持说："不怨我。"

我说："怨我行了吧，哼。"

你说："哼什么。"

我说："哼你。"

我们平常也这样对话，这只是玩笑话，你我都知道。到那时我也以为你没生气。然后你爬上床，不一会儿很大声地说了一句："我不就问一句吗？"

听你的声音知道你已经生气了，我还很奇怪，完全没抓到值得生气的点啊，怎么就生气了呢？

我也有点儿不高兴地说："不是说不怨你了吗？"

事实证明，我就是嘴贱。跟谁都是，有时候，少说那么一两句，完全可以避免很多不好的事情发生，可是我有勇气说出口，却没有勇气去挽回。

你很生气，连我分给你的蛋糕都没吃。端回来闷闷地说："我不吃，你吃吧。"

事实再次证明，我就是有点儿拧巴。要是当时我没有气呼呼把蛋糕端给别人吃，而是端回给你再跟你说一句："别生气了，吃蛋糕吧。"是不是，后来一直到现在发生的事都不会发生？

如果你没有发那条说说，如果我没有看见那条说说，如果我没有火上浇油地又发条说说，如果你没有看见，如果你没有删我的QQ，我就会在几分钟过后找到你的QQ跟你说声：对不起。

可是当我找你的QQ找不到的时候，又震惊又好笑：你居然把我删了？

然后，别扭的你和别扭的我就因为这么点儿小事不再说话。

有时候，真是觉得自己傻得可以，一厢情愿地钟情于冷战这种吵架方式，觉得这种吵架方式最有风度最省时省力，时间到了，自动就好了。我一直在等这个时间，可是一直没能等到。

有好多时候，我想主动跟你说话，可是犹犹豫豫最终也没能说成。有时候买了好吃的想叫你来吃最终还是没能叫出口。你挂蚊帐的时候正好我下床上厕所，进厕所犹豫了一下出来决定帮你挂蚊帐没想到回到寝室你已经叫另一个室友帮你挂了，就这样，没帮成。

后来，分寝室了。我们再也没有机会了。新的寝室我不喜欢，但因为是自己选择的所以无论如何只能忍受。事实千万次地证明：我简直就是作死圣手！

对新室友忍到一定程度了的我终于知道了你的好，终于在一直郁郁寡欢的时候想起了你，想起了曾经让我气得不行的那个姑娘。我还会在看见你时心里五味杂陈，但还是没能勇敢地跟你主动打个招呼，没能对你哪怕是笑一下。

那天在微博上看到一句话，顿时想起了好多我对不起的人，好多被我的古怪脾气气到的人，最后，画面定格在你的脸上。画面里你二话不说夹起辣椒就往嘴里送。

那句说不出口的话

我没想到会在这种情况下用这种方式完成这个承诺：写一篇关于你的文章。我这个郁郁不得志的女生在被人放了鸽子带着一堆书回到寝室，不知道该干什么最后打开电脑写下这些迟到了很久的话。

我很想你。

那句我在我微博上看到的话是：

"发现年纪越大越说不出这句话：我们，和好吧。"

我说过的谎，你全不信

林舒蓝

陈奕迅唱过风靡全国的歌："我说了所有的谎你全都信，最简单的我爱你你却老不信。"你当然不知道我有多羡慕歌词里的人，安子岭，我说过的话，你全不信。

他像四五月的春天落在了我的指尖

我是林舒蓝，陈海南眼中生长于南北方交界处的植物，干净清新，骨子里却想随风游荡。

其实这样美好的模样只是一个小骗子眼中的我。十六岁的我父母整天吵架，放学回家的路上我骗来几块钱，喜滋滋地走到家门口，就听到了爸妈的吵架声。

"你怪我？自己家孩子都管不好，这样的家能待下去吗？"

"我带不好？你忘了她也是你生的？"我妈"嘭"地一声打开门，看到我的那一瞬间甩来一个巴掌，我皱着眉头躲过去，她也不想和我计较，带着大包小裹脚步匆匆地往楼下走。

我爸的脚步声传来，我转身就跑走了。

初春的小区里满是温婉的日光，倾城挥洒，我妈坐上一辆漂亮的轿车连头都没回就走了。没有小说里常写的飞扬的尘土，我叫不出车的品牌，只知道太好了，崭新又平稳，连一丝灰尘都不会带起。

我就那样坐在路旁一块脏兮兮的石头上哭了起来，安子岭就是在那个时候出现的。

"林舒蓝？你没事吧，拿走我弟弟钱的是你啊，他都没哭你难受什么？"听到后半句话时，我就意识到，完了。

陈海南总说让我小心一点儿，这样大大咧咧骗钱总有一天会把自己带到沟里，没想到我现在就已经翻船了。三分钟后，我可怜兮兮地在安子岭的谴责中用他的纸巾擦掉眼泪，又花了五分钟请求他不要告诉老师，我妈都走了，我怕家里再一次天翻地覆。

安子岭叹了口气："我看你不是没注意，是根本不知道我和你一个班吧？"

"你是我同学啊？"我目瞪口呆地望着他。

安子岭一巴掌拍在我头上："那你刚才拜托我不告诉老师什么啊？我就知道你的话不能信。"

把时间推回到半小时前。我快走到家门口的时候，就看到一辆车里坐着个唇红齿白的小孩儿，面前放了二十块钱。

于是我兴高采烈地跑过去："小弟弟，能给我看看那张纸吗？我看看是不是假的。"

小孩儿就是比大人爽快，飞快地递给我。"嗯。"

看到那么可爱的小孩儿，原本想一走了之的我有点儿于心不忍，于是我说："姐姐给你变个魔术好吗？"我反手收起钱，得意扬扬地亮了亮空空如也的手，却没有注意到车后面还有安子岭目瞪口呆地坐在那儿。

我心虚地说："其实这也不是我发明的，陈海南在小说里看到，试了一次觉得挺好用，我也就偶尔赚点儿零用钱。"

天色微微暗淡下来，安子岭拉我起来："KFC行不行？"

"什么？"我莫名其妙地望着他。

"你不吃饭吗？"安子岭很认真地望着我，"我知道你妈妈刚才走了，以后你不要再做这种事了，虽然二三十块钱连拘留都不够，但是你没饭吃可以找我陪你。"

安子岭很委婉地用了陪我这个词，实际上的意义就是跟在大吃大喝的我后面付账，我吃了鸡翅、蛋挞、汉堡和一碗鸡排饭，最后又叫了一份全家桶准备带走。

安子岭乐了，帮我提过全家桶："林舒蓝，你别那么没出息行不行？我们在一起吧，你想吃什么都可以，想要什么我都给你。"

我惊讶地张大了还没擦干净的嘴望着安子岭，他直接牵起了我的手。

我没有拒绝，夜晚的风呼啦啦地吹，满天星星点点的明亮。从来没有男生敢牵我的手，我是班上有名的不良少女和大骗子，甚至连陈海南也没有过。虽然我觉得他是有一点儿喜欢我的，可是林舒蓝就是那么市侩，陈海南住在我家楼上，和我一样没钱，他爸爸很早就走了，我一边努力赚稿费再骗点儿小钱，他就拾瓶子再骗点儿小钱，我们像野草，自由又肆意地相依为命。

可是安子岭像四五月的春天落在了我的指尖，像海风萦绕在我的耳畔，带着所有的温柔和美好，任何人也没办法跟他比较。

我想问问陈海南，男生的话是不是都能相信，就看见他衣冠不整拖着破旧的麻袋漫不经心地往这边走来，我下意识地拉着安子岭跑走了，心里竟然滋生出了一点点嫌弃。

他说人也是鱼和熊掌啊，二者不可兼得

安子岭问我能不能接受被每个人知道，我懵懂地点点头。短短的几天里就有人对我指指点点，话里比以往干净，我也懒得计较，只是陈海南看我的神情变得有些复杂，他不问，我也懒得说。

我没有闺密，只是陈海南和安子岭，没有人问我更需要谁一些，我自己也没有明确的答案，就像，一个温柔了岁月，一个又跑来惊艳时光，我该选哪一个？

但我能感觉得到，陈海南心中那一层浮动着的暗涌，只要找到一个发泄点，便一定会坦露他的心事，只是我没想到事情来得那么快。

我和安子岭在一起一个多星期后的一个早上，刚走到教室门口，就被拎着豆浆和包子站在讲台上的陈海南堵住了。"什么情况啊？"

我一脸无辜地望着他："什么什么情况啊？早餐放我位子上就好了，干吗拎着。"转眼就看到陈海南的位子上坐着安子岭。

我和陈海南一直是同桌，老师也懒得管我们，更何况这样还不会带坏别的同学。

安子岭气定神闲坐在那里吃早餐，我桌子上也摆着一份一模一样精致的餐盒，我从没觉得自己那么白眼狼过，我竟然下意识一言不发地走过去，坐在了安子岭身旁。

我不知道陈海南是什么意思，全班闹哄哄的声音中，他拎着那袋我早就吃腻了的、很便宜的油乎乎的东西，转身消失在了教室门口。

于是一天的课我都有些走神，我时不时望望窗外，心不在焉地设想了无数种他不回来的可能性，比如见钱起意偷了一个钱包，被送去了派出所拘留，再比如捡瓶子时和别人发生了冲突，被送去了医院……

第三种可能快要热腾腾出炉时，安子岭直接摔掉了手中的笔："林舒蓝……"

我被惊得愣愣地望着他，然后就看到他原本严肃得要命的脸一点点变红。等了半天后，安子岭说："我知道你心不在焉想什么，我可……咳咳，我不希望我身边的人想着别人。"

我不知道安子岭是怎样的男生，和他在一起只是简单地觉得他很好，还可以给我想要的东西，直到听完那句话，我突然笑趴在了桌上。

前面的人被我的笑声惊动，纷纷转头望着像神经病一样狂笑不止的我，安子岭恼羞成怒把我拉出了教室。"你笑啊，继续笑，反正你也不愿意理我，我带你去找他吧。"

考虑到最近门卫特别严，学校四处的保安也厉害，再加上还有三分钟就放学，安子岭直接把我往学校门口拉，我跟他抗议是不是应该找一些有垃圾桶的地方，又顺便跟他汇报了一下我那些不怎么吉利的设想，安子岭扑哧笑了出来，紧接着就传来了熟悉的声音。

"林舒蓝，原来你对我的担心都是这样的啊。"我惊得差点儿咬到自己的舌头，陈海南欲言又止地望着我，神情复杂却猜测不出一字一句。

这样的情况能难倒我吗？早上只是没睡醒出的意外，我痞痞地把陈海南拉到旁边，确认了好几次安子岭半个字也听不到后，自信满满地说："你别想多，我怎么会和他在一起啊，门不当户不对。我就是想骗他给我们买东西。"

陈海南盯着我的眼睛，我下意识地低头，然后听到他松了口气。"真是这样就好，之前我还一直担心……"

"担心什么？"我明知故问。

"林舒蓝，你快过去吧，别让金主等急了，"陈海南叹了口气，漫不经心地说，"其实之前我想跟你说，人也是鱼和熊掌啊，二者不可兼得。"

我笑嘻嘻去拉安子岭的手，心里像泡进了一包柠檬，酸涩得想哭。其实每个人都不傻，我们百般掩饰不过是想留下自己喜欢的人，可惜命运是只翻云覆雨的大手，我一边躲避一边期待。

安子岭带我去市中心的法国烧烤，穿得比陈海南还好的服务生站在一旁送餐，我不顾形象吃得满嘴流油。

吃着吃着我猛地抬头，吓了安子岭一跳："我这样你嫌弃吗？"

安子岭瞬间就乐了："林舒蓝，你知道吗？我有个梦想，带你吃遍这座城市所有好吃的东西。"

"那这里可以打包吗？"我急切地问道。

每个人都懂，陪伴是最长情的告白

没有了陈海南的生活也不孤单，安子岭带着我大街小巷地跑也特别开心，最让我惊讶的是，在安子岭的带动下，我第一次觉得学习也不是一件太难的事。

安子岭对我强行使用了不少手段："你做完这道题我带你去吃寿司。"

"做不完带我去吃韩国料理。"我一边在卷子上找辅助线一边接话。

于是安子岭假装生气敲我的头："做不出来我陪你不吃饭，做出来两个都有。"

最近这样的话他说得越来越顺了，不等我做出反应，旁边一票人跟着作呕，可是那又怎样呢，每个人都懂，陪伴是最长情的告白，我不过是想，每天醒来，看到阳光与你都在。

班里的同学似乎也没有那么讨厌我了，好像真的是近朱者赤。走在安子岭身边我没来由地安心，偶尔心血来潮把对他的心意写进小说，赚来的稿费安子岭也不让我花。

"钱扔在那儿就贬值了好吗？"我理直气壮，好像那些钱没贬值就会很多的样子。

"不行！"安子岭更有理，"这样我就能跟别人炫耀，才女是我的。"

这样的日子简简单单，就连爸爸也随着我最近一次的成绩单开始早一点儿回家给我做饭，有时候还会问我要不要跟他散步。

爸爸见到安子岭的那天只是"嘿嘿嘿"地傻笑，和见到陈海南的样子完全不同。

"哎，你记得吗？上次我爸见到我跟你待在一起，居然拿着棍子追了我们几条街，好丢人哦。"某天晚上我把让安子岭打包来的东西给陈海南送去，一边吃一边回忆，"最近没和你一起，你都在干什么啊？"

陈海南没说话，拿着巨无霸汉堡狼吞虎咽，星光从破旧的窗户透过，我隐约觉得他的脸上有晶亮闪烁。可是陈海南是谁呀，小时候被父母打死也不会求饶一声，我只当是自己看错了。

十六岁的林舒蓝一点儿都不了解男生的心情，她以为骗人的话真的能骗过陈海南那样从小就可以自己独当一面的男生，她只想从粗制滥造的生活中吸取营养，像春发的枝条抢来一缕轻柔的日光。她以为尽管做了错事，但上天一定已经原谅了少不更事的她，不然不会让安子岭成为她最静谧美好的心事。

我不知道陈海南把不跟我在一起的时光都用来做什么，但我知道了他以后会做什么。

陈海南在我不经意的一句话里找到了落差，给安子岭留下了一张纸条，上面歪七扭八地写道："喜欢林舒蓝你就来。"

安子岭当然会去，知道自己不会打架，顺带喊去了几个哥们儿在旁边掌握局势。

他们不约而同选择不让我知道，所以当我跌跌撞撞担忧紧张地找到安子岭时听到了自己的声音，我对陈海南说："你别想多，我怎么会和他在一起啊……"

我的大脑一片空白，他们都没有动手，是我过去砸掉了陈海南的手机，像一只被别人戳穿了心事的豹子，正在心虚地销赃灭迹。

我对陈海南吼："你为什么要害我，你还嫌不够吗？我跟着你做的都是什么事，我吃好吃的还知道给你打包一份……"说了一半我开始蹲在地上不停地哭。

安子岭过来抱抱我，一言不发给了陈海南一拳。

不知道教导主任从哪里听到了风声，跑来时正看到陈海南暴怒着想要动手的样子。教导主任推着眼镜对我说："林舒蓝，最近你成绩上得挺快，千万不要跟陈海南混在一起，他那样的人，学校经过严格讨论，决定劝退。"

安子岭没什么责任，大概是他背后的靠山足够大，只是他禁止我和陈海南再有任何交集，他说："林舒蓝，如果换一个人，你的反应肯定不会那么强烈，像一只失望极了的小豹子，你们究竟一起经历了多少事？”

我不说话，想起陈海南和我一起被那么多人叫小骗子，一起承受嫌弃的目光，一边饿肚子一边学会自力更生……谈起这些，我和安子岭就像陌生的路人。

安子岭叹了口气：“我不跟你计较录音的事，你也不要再和他有任何瓜葛。”

我点点头，问安子岭：“能不能借我两千块钱？我看中了一款施华洛世奇的手链，那可是我几年前就有的少女梦。”

陈海南要去打工了，我偷偷摸摸逃课去送他，还有那两千块钱。我不伤心也不内疚，反而觉得如释重负。

有好吃的我记得给他打包，遇见喜欢的人还要骗他给陈海南送路费，看着火车扬起的白气，我对自己说，林舒蓝的新生活要开始了，你再也不要骗任何一个人。

我们背负着以往的时光，就要独自坚定未来的梦想

其实是我把一切都想得太好了，灰姑娘的结局美好只是因为她本身就是公主，我不是啊，又怎么可能有那么完美的结局。

故事的最后，厨房的归厨房，宫殿的归宫殿，水晶鞋不是我的，我还是那个穿牛仔裤帆布鞋的女生，站在学校门口被一个简单朴素的菠菜头发拦住。

姥姥的心脏一直都不好，在家里突然晕倒，姥爷除了把她送进医院，一个月后的住院费再也掏不出一点点。医生说姥姥的病大部分老年人都有，心脏搭桥很正常，就等姥爷签名了。那几天我都没和安子岭一起走，我要去医院给姥姥送饭。

菠菜头发问我：“你是林舒蓝吧？”

我一头雾水地望着她，心里有点儿急，叫了一声阿姨好后就往校门外跑。她开门见山地说：“我是安子岭的妈妈。”

"你们这个年纪真好，你也很好，很孝顺，知道每天给姥姥送饭。"

我承认我是被迫害妄想症复发了，言情剧里的男女主，女生太草根，男生的妈妈就跑来用钱摆平一切。菠菜头发笑了："我没那么神通广大，我是你姥姥的主治医师，天天看你往医院跑，就跟你姥姥聊了会儿天。"

菠菜头发特别平易近人，只是我和安子岭都不知道怎样让时间磨平心中的不安。

菠菜头发跟我聊天的第二天，安子岭看我的眼神就不对了，我正准备问，班主任就把我叫去发卷子了。

随着成绩的不断提升，班主任直接让我当了油水很肥的课代表，每天都有几个同学笑嘻嘻地扔巧克力和小说给我："课代表大人，少记我的名字一定不是难事儿吧？"

其实多少人交了作业老师心知肚明，体谅我们累也不跟我们计较，只是以前，我自己对他有偏见。

我没来得及问安子岭，上课时他哥们儿就扔给了我一张纸条，我偷偷打开，空气在那一瞬间凝聚起来。

纸条上的字龙飞凤舞："安子岭说你又去骗他妈妈的钱了，我不信，到底是不是真的啊？"

班主任的课被迫中断。我和安子岭站在教室外，刺桐花被风一吹便落了满衣襟，好看得醉人。

我真的不知道家里凑了七八万后，最后的两万元是安子岭妈妈自己掏的，她没对我提起这件事，安子岭却坚持认为是我故意为之。

我第一次想要正视这个问题，我听到自己的声音有点儿颤抖、有点儿嘶哑："我们之间是不是连最起码的信任都没有？"

我知道和安子岭真正的初识一点儿都不美好，但我以为，他愿意和我在一起，是看到了我本质里向善的那一面。

安子岭反问："你以为我不想相信你吗？可是你拿着口口声声说

要买手链的钱去给陈海南送行，你在那里和他卿卿我我，我跟在你身后是什么感觉？"安子岭冷笑，"其实你只是想要一点儿钱对吧？"

"你大爷的。"我听见了心中那个精心垒起的城堡崩塌时的声音。我们各自搬开了座位，默契地分道扬镳。

我听到闲言碎语说我们分手怎样怎样快，我不想顾及那些揣测的目光，其实该怎么离散都不快，我们从没有认认真真把彼此放在心里过。

可是我还是很难过呀，我在一个人的晚上放声大哭，爸爸急吼吼地冲进我屋里陪我，却怎么都填不满心里那个隐隐作痛的小洞。那是我以往做错的事，我们背负着以往的时光，就只能独自坚定未来的梦想。

只是生活还是好了许多，爸爸学会了每天定点定时给我做饭，我安安心心地学习、写作，心里还有一丝的憧憬，其实还有安子岭不知道的事情。

我看过他的日记，在菠菜头发的手里，高一时我在他最喜欢的杂志上登过照片，从此变成安子岭孤注一掷的心事。

他说："我很后悔喜欢的人是个小骗子，不是她不好，这种感觉真难受，怕被骗，脑海中还总是闪现她骗人后还神采奕奕的模样。"

所以啊我总想，我还是可以在未来向他证明，林舒蓝的话也不是全都不能相信，至少那句想重新在一起，最真心。

怪咖奇录

走 之

曾以为，你是个萌妹子，没想到……

初中时候的老关是最理想的"别人家孩子"。

长得白白嫩嫩、瘦瘦高高，一口标准普通话，说话时候还和和气气的。

每天就是捧着书，经常下课去问问题。老师们简直想把她揉碎了抱在怀里。

然而，现在这个帮我换水的"汉子"是谁啊！

"热死我了，赶紧开窗户！利索儿的！"

她把衣服撩起来急躁地扇风。

"你还敢……"我把要说出的讽刺的话语收了回去。毕竟我现在是一个爸妈将要离开半个月自己却丝毫没有生存能力的人。所以，我只能低声下气地去给她倒水。

"走之，你连自己都养不活，为啥还要养这只狗？"

我看着皮卡如来鹏，深情地说："因为，我是它的全世界。"

"哈哈哈！你太恶心了，你的乌龟、河蚌都养死了，你还是它全世界？哈哈哈……"

看着这个像糙汉一样的少女，我好想把新鲜的凉水倒在她身上。

这不禁让我回想起初中那段美好的日子，那时的老关还是个亭亭玉立的少女。

那时的她是个绝对的学霸，在一个普通班级却次次冲进年段前十。

初三后期，我们两个是同桌，恍惚间，我竟茅塞顿开，也一直在前十名里游荡。

然而，在大家眼里，我是个爱玩儿不用心的天才，老关是努力向上爬的蜗牛。

我每次的骄傲，都在见到老关努力的场景后灰飞烟灭。三年，她始终是一步一个脚印走过来的。老师给她讲题，她总是听不懂，除了同学，老师一生气也会说她笨。

她只是弯着腰，重新听老师讲一遍，手在空中认真地比画着，粉色眼镜框下的双眼红红的。

功夫不负有心人，老关终于超过重点班级录取线八分，稳稳当当地进了二班。

我却以零点二五分之差被拒之门外。

我记得，成绩是发小告诉我的。我转身就给老关打电话，想出去走走。

"嗯，你说去哪儿？"

"去撸串儿吧。"我笑着说。

我还记得，那天晚上我一直在笑，后来，老关却哭了。

"没有你啊，那个班级不会有人宠着我。"

那是夏末，我们俩沿着我最喜欢的"暖路灯线"步行回家。

我不记得我们还聊了什么，总之，在这个温带季风气候占主导的城市，夜里有暖湿的风吹在身上，好轻松，好舒服。

到了新的班级，我遇到了不一样的人，老妈说，走之天天笑得憨态可掬。凭着白白胖胖的模样，我结识了很多新的朋友。可我和老关仍是不见就怀念。

为此，她总会在周五晚上去我们班，然后把我拽到操场一圈又一圈地跑，直到教导主任用广播把我们赶出去。

"你俩几班的？"教导主任冲着飞快跑着的我们喊道。

"八百八十八班！哈哈，老师再见！"

老关边跑边转身用手做喇叭状，冲平台上的主任喊着。

接着，她会和我一起回出租屋，买一堆零食，冲冲澡后在垫子上看《傲风》。如果我不理她，她就投入地一直看；如果我理她，就得追打着她，让她写作业。

刚开学的一个月，她在实验班一点儿都不适应，几乎天天以泪洗面。出了实验班，她妈妈天天以泪洗面，她却像一只自由的小鸟，飞来飞去，玩儿得不亦乐乎，成绩却也回到了年段前五十。

"无所谓啦，开心最重要，嘿嘿。"

她笑笑，又低头看书。

嗯，的确开心最重要，我也喜欢这样轻轻松松的老关。

113

高一的我过着高三的生活，高三的你享受高一的快乐

我在学校门口，真的就是门口，租了一个只有六十平方米的房子。和一个高三姐姐——柳姑娘一起住，老妈负责部分生活起居。

柳姑娘是个"放养惯的女子"，只喜欢吃外面的食物——油炸食品或是汉堡之类的垃圾食品，十分挑剔正常人家的饭菜。

"林姨，"柳姑娘慢吞吞地说，"我不敢吃虾的。"她又慢腾腾地走到门口，"我也不喜欢吃海鲜。"最后她慢腾腾地穿上鞋子，"其实，我不喜欢羊肉、牛肉和猪肉，我喜欢吃驴肉。"她最后慢腾腾地开了门，"林姨，我，不喜欢去学校。"

"小柳姐，你再磨蹭一会儿又迟到了！"

"哦，没关系。"她慢悠悠地唱着说，走廊里回荡她的歌声。

柳姑娘的班主任也是我老妈当年的班主任。而柳姑娘和老妈恰好也是那个老师最头疼的两个学生。

她们俩的日常就是一起细数曾经与那位老师"和谐"相处的"美好"时光。

当然，柳姑娘也喜欢轻轻松松的老关！每到周日的晚上，柳姑娘都会哼着小曲儿回出租屋，然后激动地和老关抱在一起"嗷嗷"地叫出声来！

两个人打着"走之自己写作业太孤单我们来陪陪她"的旗号谈天说地，一直聊到午夜时分。

虽说柳姑娘是高三生，但她每天回家都可以舒舒服服洗个澡，然后看书、写小说和唱歌。而我却要在书桌前坐到深夜，第二天还要四点钟起床读英语。

"多休息啊走之，"她慢悠悠地拿着筷子，"这世界上啊，唯有身体和快乐不能辜负。"我起初还会和她抱怨，时间久了，我依然是很疲惫的，听再多的鸡汤也就笑笑，算是回应了。

百日誓师那天，柳姑娘要搬回自己家住了。她送了我很多我喜欢的东西。她在那张古风明信片上写道：其实小走之儿也教会我很多的。高一的你过着高三的生活，高三的我却享受着高一的快乐。也许这一百天不会改变什么，但姐姐我还是要努力试试的。两年后的走之儿会有很棒很棒的未来的。

她还留了一张自拍给我，要我不要想她。

我嘴上说着才不想呢，心里却乐开了花。

柳姑娘最终考上了一本，大逆转连她自己都不敢相信。

再见了我的柳姑娘，要记得这世上唯有身体和快乐不可辜负。

我拿你当朋友，而你却……

老关在实验班的时候很少有笑容，但每每提起蠢囝就会笑得合不拢嘴。我也常听别人提起蠢囧的名字，却从没见过这个人。

"就是上周一在国旗下讲话的人。"老关希望以此唤醒我的记忆。

"那天早上我一直睡着啊！"

"你是马吗？马是站着睡的……"

第一次考试，我幸运地和蠢囧一个考场了。然而当我见到这个除了声音其他方面和女生没有什么区别的人时，所有的幻想都破灭了。我无法和这种人交朋友或是说话。因为我可是个比较传统的人！

考完试，老关问我这个男生可不可爱。

可爱，真的是可爱得过分……

造化弄人！我和蠢囧都选择了文科，并一同进入实验班且成了前后桌。这就意味着，即使不想交朋友也做不到了。

"你的名字好普通啊。"他一脸嫌弃地说。

"你的名字也不好听啊。"我笑着回击。

就是这样的互相嫌弃却使我们俩成了最好的朋友，一起排话剧，一起说相声。

虽然我们俩从思想到举止都是完全相反的，却有一种无言的默契。

课间我们铁四角总是最能聊的，也是最快乐的。

我只觉得，我一定在上辈子拯救了银河系，才会遇到让我这么快乐的人。

他说，大家叫他"中央空调"。

"我可不觉得是什么好称呼！"我毫不留情地打击道。

"可我总会把最高档留给你。"

"知道就好。"

第二学期，我和蠢囧中间隔了一个彪彪，一个单纯可爱却蠢气腾腾的妹子，一个身高一米七二体重却不到一百斤的妹子。她每天说的最多的话就是："走之，我好饿。"

自从彪彪来了以后，我和蠢囵的关系有了一些变化，他的"说说"不再关于我了而全都是彪彪，每次让讨论题的时候，我一转身彪彪却已经转身去和蠢囵讨论了。

蠢囵也很少找我谈谈心了，一周我们也说不上一句话了。

我索性也就不想去找他，安安静静地学习好了。日子就这样过去，蠢囵看我的眼神从热情到淡然。

友谊就这么经不起风雨。我下课只愿意到走廊的窗户边去看操场和梧桐树，隔着墙也能听见蠢囵和彪彪的笑声。

我很喜欢彪彪，也很喜欢蠢囵，可当两个人都不理我的时候，我只觉得自己被抛弃了。当我在下雨天看到蠢囵的衣服披在彪彪身上的时候，我只觉得，我可能要永远地失去蠢囵了。

错就错在蠢囵不应该是个男生。

花了那么多力气去保护他的敏感，却都不如别人卖几下蠢。

我和老关说，我和蠢囵绝交了。

我翻着他给我的那些矫情的留言，只觉得人太虚伪。

"走之，你没觉得这几天咱们有点儿不对吗？"

蠢囵突然发来这条消息。

我把所有苦水都倒给了他。

"我生活是很枯燥的，没办法给你那么多快乐。"

我们绝交吧。

这句话我还没打出来，那边就弹出这句话："可我，一直喜欢你啊。"

我们最后把关系定位在最好的朋友——友情之上，恋人未满。

第二天还是和蠢囵互相嫌弃回到最初的状态，我觉得很舒服。

六蠢共进退，这大概是我最开心的事啦

故事到这儿已经差不多了。还有很温柔很温柔的安安、懒癌患者

菲菲以及爱笑的机智。

在这个陌生的班级，我们成了最欢乐的一群——六蠢。

在这个最美好的年华里，和他们在一起尽情地笑，犯蠢。

十七岁的生日，他们拿着我偶像的大海报，在后面空白处找了很多人写"走之生日快乐"。我看着蠢气冲天的海报莫名流了泪。

遇见你们，一定用尽了我所有的运气。

友谊诚可贵，怪咖可遇不可求。

接下来的日子，我们的故事，未完待续。

那句说不出口的话

树洞不说话

第二

我曾经有一个朋友。

她从初中到高中一直与我同班,又因为我俩住在同一个小区,所以整个中学时代我俩几乎每天放学都会一起走。怎么样,听起来很不错吧?是不是有种这交情如果不深得"山无棱、天地合、乃敢与君绝"都不科学的感觉?

可现实就是这么不科学。

聪慧漂亮的她身边从来不缺朋友,热情和善的个性似乎让她跟谁都聊得来。啊,当然,这个"谁"也包括我。只是更多的时候,似乎我都是挂着一脸傻笑默默地跟在她和她的某某朋友身后,在冷场时出来卖个蠢,然后大家一起哈哈哈,继续往前走。

我仿佛一直都在人群中扮演着这样的角色。

大家其乐融融时就隐身透明,想加入话题又不知道说什么,想走开又怕孤单。于是从最开始的插不上话发展到后来懒得说话,最后干脆就保持着这么一个不远不近的距离,看着大家笑吧。

做包调味料,这真的是我想要的吗?

我也不知道。

那天是周末,我刚准备睡午觉就被一阵电话铃声吵醒。模模糊糊按了接听键,随即耳边传来的就是她一声紧似一声的抽噎。我顿时被吓蒙了，连忙问了她所在的位置，随便套了件衣服就往外冲。好在并没有跑多远，就看见了坐在小区台阶上的她。

我凑过去问怎么了。她起先不说话，随后突然跳起来一把抱住我，把头埋在我的肩窝里。

她说，她刚刚被爸爸骂了。

她说，她觉得她压力好大。

她说，她就要坚持不下去了……

哦，原来只是和老爸吵架。

我一边拍着她的后背说着没事啊没事，一边仰着头无语问苍天。

也不知道她到底哭了多久。一刻不停地说劝慰的话说得我口干舌燥，她高我大半个头的身高差也压得我很不舒服。天色一层层地暗了下来，就在我开始纠结要不要把她强行拖走时，她终于收住了泪水。

她说："谢谢你。"

我活动了下被压得几乎没知觉的肩膀，僵着脸说："谢什么，你别哭就好了。"

她突然一笑："说起来也挺奇怪的。我最伤心的时候，谁也想不起来，我就只想找你。"

啧，是不是很感动？嗯，我当时也很感动。我觉得我终于找到自己的位置了。我不是不重要，我只是重要得不明显！那一刻，我突然觉得我该为之前自己狭隘的思想忏悔。被人开开玩笑怎么了，那一刻，别说送个肩膀卖个蠢了，我真的想把全世界最好的东西都捧过来给她。

你觉得这是个关于友谊的励志故事？

不，结局是，第二天世界恢复到了原来的状态。她依然是众人眼中耀眼的小公举，我还是跟在后面提着裙摆的随从。平时并没有人与我说话，冷场了就像突然意识到我的存在一般大家轮流开我的玩笑。我说我生气啦！大家笑得更大声了，而带头说笑的……就是她。

再后来，毕业了，再无联系。

　　所谓友谊，永远都是建立在对等的条件下。别去取悦谁，也别一有人靠近就掏心掏肺。毕竟摔伤了的小丑也只会被嘲笑。而树洞，更是从来只听不说话。

我不是不会说不，我只是不能说不

愈 之

师姐比我大两届，大学时候选了旅游专业，一心想当一个"世界这么大，我带你去看看"的导游小姐。选专业那会儿父母并没有阻止她，因为他们听说导游是一个很吃香的职业，这不，免费游山玩水听起来就很诱人。师姐没有辜负父母对她的期待，还没有毕业就被一家知名旅游公司录取了。

可其中的苦楚只有师姐一个人知道，翻看厚厚的旅游指南，一遍又一遍地背诵景点介绍，带着游客们东奔西跑，快乐的时光自然不少，但更多的似乎是焦虑和疲惫，生怕游客走丢，害怕自己睡过头儿。工作半年瘦了二十斤，经常被游客们调侃："导游妹子，你真的不会被风吹走吗？"

师姐嘴上说着不会，心里犯嘀咕："我是被当年的'疯'吹到这里的啊！"

终于有一天，师姐忍受不了疲惫和压力，给公司递交了辞职信。

看见她发到朋友圈的辞职信息后，我小窗她，没想到她把前面的事情都告诉了我，讲完之后她对我说："你选专业，一定要选自己喜欢的。"这时我才知道，她选旅游专业其实是为了得到父母的赞同，因为如果她说要去念汉语言文学，爸爸妈妈一定不会同意。

我好奇她接下来要干什么，她说还没想好。

　　当她已经想好的时候，她出现在了一家连锁书店的收银台前。她说，这是她最喜欢的一家独立书店，她因能在这里工作而感到高兴。

　　她可以以员工价格购买店里的图书，可以见到来签售的作家，可以与一些同样对实体书店怀着热爱之情的同事在一起。她开始像上学时那样看书，但她看的不再是旅游方面的书籍，而是文史哲一类的图书。她喜欢那种下班之后一个人待在房间里翻书的感觉，更喜欢由文字构建出来的世界。

　　可父母和其他朋友们都不这样认为，他们觉得师姐就是一个收银的，在书店收银和在超市收银、在服装店收银并没有太大的区别。他们说师姐这几年的大学是白念了，毕竟收银的工作太简单，简单到不需要大学文凭。

　　她告诉我这些的时候带着哭腔，对于那时还在学校里幻想外面世界的我来说，她的难过是我无法理解的。我只好一遍又一遍地说："会好的，会好的。"

　　事情的确好转了，至少对于师姐的父母和她的经济收入来说都是如此。

　　他们给女儿找到了一份稳定的高薪工作，以"断绝关系"作为要挟，一定要她回老家上班。师姐想了许久，妥协了。

　　暑假我回老家找她玩，问她是否后悔的时候，她想了一会儿，摇了摇头："至少有那么一段时间，我做了一件让自己高兴的事情。"

　　她说，一本书里不是每一个情节都精彩动人，现实生活也如此。有过一段追逐梦想的旅程，在人生这本大书里，也算是精彩动人的一笔。

那句喜欢你，遗失在流年里

晓　沐

　　她认识他六年。一起升入高中的时候，眼睁睁地看着他的个子从一米六五迅速蹿到了一米八。

　　他一直是那种很受女生欢迎的类型，相反她从小就很内向，除了他几乎没什么朋友。幸运的是不管是不是长大了，他总是在她的身边，因为他们是青梅竹马。

　　女生们对她说不上嫉妒，但总归是看不起她的——垫底的成绩，土土的衣服，枯黄凌乱的头发，还没有长开的脸蛋儿。

　　有一天放学路上，她问他："要怎么才能变得让别人喜欢呢？"

　　"为什么一定要让别人喜欢，做你自己不好吗？"

　　她没有得到答案沮丧地低着头自己思考，没有看到一辆电动车从她前面飞快地驶来。

　　一股大力从旁边传来，她差点儿跌倒在他怀里，头在他不算结实的胸口狠狠撞了一下。

　　"注意看路。"嗔怒的语气，吓得她不敢再低头乱想些什么。

　　其实，她是怕他的。他要她好好学习，她会在夜晚放下小说埋头题海；他要她好好吃饭，她会收起零食走向食堂。

　　他看不出她望向他时眼中带着的光，依旧在打篮球后和别的女生打打闹闹，依旧在做题时头挨着头地和别的女生讨论问题。她是喜欢他的，暗恋的时光早已不知不觉开始。

她不敢和别的女生一样，甚至不会在人前和他走得太近，因为她觉得自己还不够美好，进不了他的眼。

高二文理分科，她盯着成绩表哭丧着脸选了文，她以为从此就要和他分道扬镳了，却在分班后意外地发现他竟然在隔壁的文科教室。

他说："好可惜没能和你一个班。"

十六七岁的她因为总是熬夜刷题不再吃零食，突然变瘦了，变白了，脸蛋儿也精致了点儿。她不再穿以前那些土得掉渣儿的衣服，开始用很多的零用钱大量地买各种适合自己的服饰。她的成绩也有了起色，至少不再是下游了。时常有男生对她表白，她总是微笑着拒绝。

她以为时机足够成熟，可是她发现更优秀的他总是穿梭在各种女孩儿身边，喜欢他的人比起喜欢她的并不少。

他们还是会像以前一样放学一起走回家，越来越不同的话题让她手足无措，时光真是可怕，让她越来越追不上他。

高三后她更加努力学习，还加强了锻炼，身材又高又瘦，头发只是随意地披着也能吸引一大群男生的眼光。可惜就是没有他的。

高三那年的情人节他把她喊出教室，手里拿着巧克力，红着脸欲言又止。

她只是静静地看着他，她心想终于她要等来这一天了。可是他说出口的话把她的希望粉碎得渣儿都不剩，他要她把巧克力转交给班上的一个女生。那个女生平平凡凡，她观察了好久没有发现任何一点儿出色之处。

她私藏了那盒巧克力，这是她做过唯一一件对不起他的事。

她在学习上不能再用"努力"来形容，完全称得上"拼命"。她就是要让他另眼相看，她要他哪怕有一次把她看在眼里。

可是"时间不等人"这句话不是说说而已，转眼间就要高考。她想她对他的喜欢如果再不说出口可能就再也没有机会，高考那天她对他说："如果可以，我们大学考在一起吧。"

他点头，她想要再说话，广播里催考生进考场的声音响起。她心想等考完再把那句话说出来也不迟。可是他发挥失常，高考后便消失不见了，再听到他的消息是他准备复读。

她的努力没有白费，但却要一个人踏上去往大学的路。

然后，就免不了各自陌路的结局。

直到有一天她在刷博客，看到他很久以前的一条动态，是他复读高三之前的。她在电脑前大笑，在她的青春里，竟然喜欢了一个胆小鬼。

那个胆小鬼是喜欢她的，可是当表白时本来要送她的巧克力因为害羞就说是送给别人的，结果让她误以为他从来就没有喜欢过她。

她在电脑上还看到，如今的他早已挽起了别人的手。她默默地发了一条微博："千山万水人海里，我们不会再相遇。谁也跑不过时间，谁也输不掉年少。"

125

心悦君兮君自知

酒　忘

1

当简凌打电话约白梨秋出来一起吃晚饭时，白梨秋以明天要抽考所以现在要复习为理由，冷漠地拒绝了对方。

"哎，白梨秋，你是年级第六哎？"简凌那还未成熟却又很动听的少年声音，即使穿过电话，也让白梨秋听得入迷。

"那么……"白梨秋回过神来，继续用很平静的声音回答道，"作为年级第六都这么重视的抽考，请问年级前三的你为什么还那么悠闲呢？"

电话另一头的男生沉默了一会儿，然后在白梨秋意料之中挂断了电话，一阵忙音冲入了她的耳中。少女闭上眼按了按太阳穴，仿佛回想起了某些往事。再睁开眼时，竟一下子回不过神儿来，似乎又跌入了无尽的深渊之中。

去年夏天，少女发现，自己跳入了一个无论如何也爬不出来的洞内。

所谓学霸，就是学生中一朵杀伤力极大的万能奇葩——他可以在考场中叱咤风云，从不挂科；也可以在操场上动若脱兔，故有千里黑马之称。如果你觉得学霸只是单纯的成绩好那你就错了！

这次抽考，简凌坐到了年级第二的座位，而白梨秋则抢到了年级第三的位置。

面对着学渣手中从未见过的只有一个叉的数学试卷，简凌微微皱起了眉头，从自己的复习试卷中抽出一张与手中一模一样的数学试卷开始做了起来。

要问为什么抽考卷子一发下来简凌就可以拿到同样的未做试卷，那也只能说，老师对学霸们的爱太强大了，为了学霸们头顶的光环而偷偷复印好卷子，然后作为嘉奖送了出去。

白梨秋自然也有一张，那是老师作为进入年级前五送给她的礼物。可是她现在却无心做，虽然笔和视线都在卷子上，但是耳朵却听着某个女生向简凌的告白。

"简凌同学说过……如果我进入了年级前十名就和我交往……"女生因羞涩而变得娇滴滴的声音让白梨秋耳朵生疼，但却依旧面不改色地看着题目。

"啊？"简凌白皙清秀的脸上闪过一丝惊讶，洁白的牙齿咬着下嘴唇，在班里某些同学的起哄下似乎也有一点儿不好意思，但那也就只是几秒钟，他的脸上各种神情便烟消云散，取而代之的是云淡风轻委婉一笑，"如果不影响我学习的话。"

女生感觉这个回答算是允许了两人之间的交往，欣喜又激动，笑得灿烂如花，连连点头。班上的同学鼓掌祝贺。

白梨秋轻轻放下手中的笔，拿起语文书从简凌与女生中间横穿过去，用极小的声音不知对谁说道："恭喜。"然后便消失在教室之中。

127

那句说不出口的话

她觉得，教室好吵。待在那样的环境里只会让自己心烦意乱，即使表面上安之若素，但是某一个从小就与自己认识的家伙一定会看出什么端倪，所以啊，为了不让他发现，还是趁早逃掉吧。

可是……

是从什么时候开始的呢？白梨秋很想知道，是从什么时候开始，她居然如此在意他的目光。

那只是个脾气不怎么好，骄傲自满，身高只有一米七五，体重四十五公斤的AB型血的水瓶男啊！不过……为什么自己那么了解他……

白梨秋镇静地合上书，闭目养神，自言自语冷淡地说道："乱我心者，今日之日多烦忧。"

3

周末，白梨秋提着包上了地铁，前往简凌所说的那个咖啡店。

只是一起复习而已。女孩儿静静想着，纯白色的耳机中那些快要被机械化的声音读烂了的高二必背单词与语法却让她焦躁不安。可是表面上，女孩儿只是淡定地推了一下鼻梁上的眼镜，镇定自若。

果然，男生旁边一如既往地没有任何人，他独自坐在安静的角落，钢笔停停写写，不能说是万人迷的脸庞至少还是蛮有魅力的。

少女在外面仔细看了一会儿，然后收起耳机，一脸漠然地走进店里。

"你女朋友好歹是年级前十，怎么不叫她一起过来？"点了杯拿铁后，白梨秋毫无诚意地问道。

"不想。"简凌没有抬头，但是回答完后又加了一句，"我只邀请年级前五名的人一起复习。"

"那我之前还在年级第六时你也邀请过我，什么意思？"

"……"

虽然两个人一见面就陷入了僵局，但是白梨秋却明白简凌那只是骄傲地找借口而已，所以"笨蛋"二字脱口而出。

　　少年一惊，却又迅速回复道："我就算是笨蛋，也比年级第三聪明！"

　　"没说你。"

　　"……"

　　"自恋。"

　　"眼镜娘。"

　　"……"白梨秋停笔，当着简凌的面摘下了眼镜，然后埋头继续做题。

　　然而对面长相干净清秀的男生似乎明白了些什么，并没有再去做题，只是微微侧着脸眯着眼看窗外的匆匆路人，仿佛自己与他们并非同类。

　　少年不言，少女不语。

　　这个画面就这样定格在了某个瞬间，让多年后已长大的少女那般留恋，却也只是一抹旧时记忆。而那些情愫，则烙印在心中留给了青春的某个角落。

　　笔停，收卷。

　　白梨秋无声地收拾起东西，还没等简凌说上话，便甩下一张已经折叠好的草稿纸转身离去，连再见都没说。

　　简凌接住被甩到自己脸上而掉下来的草稿纸，有点儿莫名其妙地打开。

　　"山有木兮木有枝，心悦君兮君不知。"

　　少年看着那一笔一画写得精致的字，一直面无表情的脸猛然一红。于是起身想去追回那个早已走掉的人，可是却再也找不到想要追寻的身影。

　　像很久很久以前一样。

　　那时，女孩儿把自己亲手编制的白色小花送给男孩儿，男孩儿却故意厌恶地一甩，不料那朵精致的小花便落在地面沾满了灰尘，女孩儿一怔，然后头也不回地转身离去，消失得无影无踪。那时，如同女孩儿已经灰飞烟灭一样的恐惧占据了男孩儿的大脑，后悔莫及。

然而，此刻亦是。

4

白梨秋保持着理智走进房间，但是一坐下来后便发现手抖得厉害。

她自然是明白的，那个人一定会读出自己从未说出口也一直不敢说出口的情感。

过于急切的心理原因以及肢体上的大幅度运动，导致自己面色赤红，头脑发热等状态。想要平和下来的话，除去喝凉水之外，就是分散自己的注意力，放松意识。白梨秋这样想着，拿出高考复习题又开始做了起来。可没想到的是，即使放松了一切，脑中的某个影像也永不停歇般地放映着。

他的神态，他的动作，他的声音，甚至是他的温度……不管哪一个都如此逼真，仿佛他就在自己身旁一样。

不可以分心，要不然成绩掉下来可就惨了。不但年级前十保不住，就连复习都不能和简凌在一起了。白梨秋瞬间开启学霸模式，奋笔疾书起来。

只是，自从那天以后，他与她便没再说过一句话。

高三上学期期末，简凌直登年级第一的宝座，而白梨秋则以两分之差坐镇第二。不过即使是这样，两个人还是各做各的复习题各走各的路。如同皇子争夺太子之位一样，为抢第一宝座的两个人在学习上费尽心思，让学渣们备感压力，想一刀砍死他们的心都有了——考那么好，还让我们怎么活？！

然而白梨秋没有再见到那个可爱的女生来找简凌，不过高考在即，自己已经没有多余的脑细胞去想这件事了。

不再想他。

5

那年高考，白梨秋被上海某大学录取，而简凌则奔赴英国。

曾经写在那张纸上的那句话，早已成为白梨秋心头的一根针，无法剔除。

他肯定讨厌自己了吧？

因为……

因为哪怕是一句吐槽她的话都没有再讲了，像陌生人一样擦肩而过，注视着的永远只有书上那些文章、公式、语法……

自己使尽浑身解数终于与他平起平坐于第一的宝座，可得到的却是他一脸漠然的回应。

啊，对了，自从那次自己扔下纸条无声地跑掉后，他都没再约过她一起复习。

"梨秋！小凌来看你了哦！"母亲一脸欣喜地朝着女儿房间喊，然后转过头笑得更加灿烂，"哎哟，小凌，长这么高了啊！还带东西来，太客气了！你母亲最近怎么样？"

趁着简凌与母亲寒暄，白梨秋把一切情绪埋入心底，认真地继续看书。

但当门被打开时，白梨秋还是全身一僵。

简凌放下手中的袋子，像是料到了对方在想什么，先打破了沉默直奔主题："我并没有讨厌你。只是觉得如果我们高二就开始谈恋爱的话，请问你还能坐上第一的宝座吗？"

白梨秋对简凌先开口解释显然有些吃惊，但片刻后又恢复了面无表情的模样："能！"

"那个女生自从和我谈恋爱后，就天天关注我的各种动态，结果从前十名一直掉到了五十名。"简凌认真地说道。

"我和她不一样。"白梨秋回答。

少年爽朗一笑，"你的想法我自然是清楚的，等自己成熟到能承受对方的爱不好吗？"

简凌温和的声音直达白梨秋的心底，刺激得她泪腺崩溃，眼泪汹涌而出，使她的眸子明亮无比，像装满了一颗颗的小银星，璀璨无比。

那天，她得到了他的回复：心悦君兮君自知。

只为了那一眼蔚蓝色的海

我揉碎柔和的晨阳
风孤单行走
冰凉的森林和微光
一起谱写琐碎的歌
我踏节拍，如星云迷离
现在我离太阳最遥远
你会不会记得我，说过的永恒绕转

只为了那一眼蔚蓝色的海

骆　阳

　　我第一次真正意义上的旅行，是在十八岁的夏天。一个人，一个磨旧的双肩包，乘上老式绿皮火车，就上路了。

　　夜幕缓缓降临，绿皮火车载着对外边世界充满好奇的我，穿过森林和隧道，碾过冰凉的铁轨和清脆得发出声响的寂静。

　　那时候，我是高二和高三夹缝儿中的学生，没谈过一次恋爱，甚至也没有喜欢的人，走在路上，既孤单又轻松自在。出发之前，妈妈没有说一句嘱咐的话，仿佛在她心里已经认定我就是个无所畏惧的野小子。有的人天生宜室宜家，有的人注定要放逐天涯。某些原因，我已不再是那个曾经恋家的小孩儿，我几乎一夜之间变成了一个觉得远方才是家的人。

　　火车抵达沈阳的时候，天际被晨光擦亮，我没有睡眼蒙眬，拽起背包就走下火车。出了火车站，我承认我感到一丝无助，毕竟第一次一个人来大城市。眼前全都是陌生的事物，肚子饿得"咕咕"叫，我站在人潮涌动的街口，有些后悔当初的冲动。忘了说，我这个人只有在饿肚子的时候才会想家。我赶紧找了个小摊，买了个馅饼，在街上三两口吞掉。

　　在城市里，不会有人在意你，不像在家里，一个人在街上狼吞虎咽吃东西绝对会引来不少注目。吃完馅饼，我就用手机搜索了吴忠全开签售会的地址。首先我要坐地铁，这是我第一次一个人在陌生的城市里坐地铁，对自动售票机还不是很熟悉，搞了半天也打不出票，急得出了一身汗。还好有个大学生姐姐帮我，她还给我换了几枚硬币，她说坐地铁离了硬币很不方便。我道谢的时候，她很美地笑了一下说"不用谢"。

在举办签售会的图书城附近下了地铁，因为距离签售会开始还有一段时间，所以就先找了个旅店补觉。简陋的地方休息几个小时，却被收走很多钱，想必老板看我是外地毛头小子所以黑我。旅行的路上，总有这样一类人，他们让你咬牙切齿直呼被坑，他们教会你如何砍价、如何聪明地跟需要你掏腰包的人周旋。

洗完澡，却睡不着了，隔壁总是传来噪音。我打开音乐播放器，大声唱歌，哼，我也不让你们好过。

从旅馆往签售的图书城走的时候，迷了路，虽然路程没有多远。只好打车，花冤枉钱。到了图书城，等待签售会的人已经排起了长队，大部分是女生。那次的签售会有四个作家，本以为喜欢吴忠全的人会很少，但是到了才知道，吴忠全的粉丝是最多的。由于没有提前报名，所以被分到最后面的座位，有些委屈，人家个子本来就矮，还把人家丢在最后边。距离签售会开始半小时左右的时候，工作人员征集想要提问的读者，想要提问的读者可以坐到前面。我咬咬牙，举起了手。

"那个小黄，你坐在那儿。"那天我穿了件黄色的T恤，工作人员直接叫我小黄。感觉还很不错呢。

可以坐在靠前的位置，心里美滋滋的。更幸运的是，我还邂逅了一位美丽的学姐。我看她手里全部都是吴忠全的书，就主动开口打了招呼。这一开口不要紧，我们都收不住了，互相自我介绍，还互相加了企鹅。旅行和参加签售会都是很美妙的事，不仅可以收获独特的经历，还可以遇见志同道合的人。很长一段时间，学姐在我的备注一栏是"道友"。不得不说，写到这里，我开始想念学姐，我们已经一年多没见。我相信缘分，可以再次让我们相遇，而再次的相遇，我们将有说不完的话。

签售会开始了，吴忠全和其他三个作家依次登场，吴忠全做自我介绍的时候，我和学姐都忍不住欢呼了出来。见到热爱的作家，心里那

只为了那一眼蔚蓝色的海

份悸动，难以言说。从吴忠全说话的声音和方式都可以判断出他是个典型的东北糙爷们儿。提问环节，我问他写作路上最开心的事是什么，他说是被人喜欢、需要和理解，从而有了继续向前的动力。面对别人的提问，他也是幽默、直爽、率真。我们这些粉丝，真的很感动。即便只能当一个小小的角色，我也心满意足。学姐不仅向吴忠全提了问题，还送给吴忠全一件礼物——她精心挑选的陶瓷工艺品。

然后是签名、合照，学姐帮我和吴忠全拍了张我很丑但是他很帅的照片，现在看来也是后悔当初为什么不事先整个容。签售会就算是结束了，我和学姐都不舍得离开，不过还是在一番内心挣扎后转身离开了图书城。学姐跟我挥手道别，我不太敢回头看。

我不喜欢每一场离别，心里隐隐作痛；我又喜欢每一场离别，它给再次相遇做好铺垫。

旅行还有个美妙之处，就是你可以留在陌生人的记忆里。说件之后发生的事，旅行后的两个月，我在贴吧无意间看到一个人发的帖子里有写到我。黄色T恤，黑框眼镜，瘦瘦的，很文静，这是那个人帖子里对我的白描，我被她叫作"最爱吴忠全的神秘少年"。看到这些，心里有种说不出的温暖。

我漫无目的地在城市间行走，心里很难过，再次感到无助。

夜色降临，灯火璀璨，流光汇聚成光斑，在视线里错落地浮动。

我窝在没有风扇和空调的小旅馆里喝啤酒，第一次喝啤酒，感觉它的味道苦涩、怪异。某个电影里说过，酒之所以好喝，是因为它难喝。我写了大段大段的诗，我不知不觉哭出来，我在漫漫长夜等待清晨开往大连的火车。

这将是我第一次拥抱海洋。

沈阳到大连的火车，我没有座位，穿过拥挤的过道，来到车餐厅的时候，正好是太阳升起的时候。阳光被车窗截成片段，恍恍惚惚整个年华都温暖起来。列车餐厅里的乘客大部分趴在桌上睡觉，我打开小本子，写了一段小诗：

我揉碎柔和的晨阳

风孤单行走

冰凉的森林和微光

一起谱写琐碎的歌

我踏节拍，如星云迷离

现在我离太阳最遥远

你会不会记得我，说过的永恒绕转

抵达大连的时候是中午，一下车就闻到海风的味道，淡淡的腥气，却一点儿感觉不到不舒服。大连的风景很有特色，欧式建筑比比皆是，广场上总是有许多白鸽降落。

接着我去了星海广场，除了人多并没有什么特点，我有些失望，和想象中的大海一点儿不一样。我到处打听大连哪里有荒海，大部分人都反问，荒海是什么海。荒海就是未经开发的海啊！

当天晚上，我找了间酒吧看世界杯总决赛，酒吧里中国人和外国人各一半，有的人眉头紧锁，有的人欢呼呐喊。而我只是单纯想感受下氛围，打酱油打陈醋说的就是我。还有个外国帅哥用英文问我："你好，你支持哪个球队？"我用蹩脚的英文回答："我保持中立。"外国帅哥鄙视地看了我一眼。

第二天下午我去了老虎滩，胡乱走了一通，竟然找到了荒海。就在老虎滩那边，有一堵长长的围墙，围墙某处有一个缺口，我跟着几个人钻进去，围墙里是一大片广阔的海滩。这个地方少有外地游客知道，里面几乎都是来钓鱼捡虾的本地人。

我的心情顿时好了起来，顺着海边的小路一直走。

一个老爷爷领着一个小姑娘走在前面，老爷爷应该是小姑娘的爷爷或外公，小姑娘手里拎着一只红颜色的小桶，总是"咯咯"笑。看到这一幕，我鼻尖突然酸了一下。又走了一段路，我在地上看到了一对风干的海星，我把它们一同放进了大海。最后，走着走着就没路了，老爷

只为了那一眼蔚蓝色的海

爷和小姑娘早已停下在海边捡贝壳。海水漫延到脚下，满地都是石块、水草和蛤蜊。一个老爷爷捡了一大袋蛤蜊，还要给我一些。我跟他说，我是外地来看海的，拿不了，并道了谢。

我继续向前，海水变深，我就在巨大的礁石上走，远处的海和天连成一片，海风阵阵吹过。那时，那片海，只属于我一个人。我面朝大海，大声呼喊。我坐在礁石上，静静地唱完一整首《旅行的意义》。

不知什么时候，夜幕就降临了，星光铺在穹顶，唯有几颗特别明亮。我沿着海往回走，唱了一路《Yellow》。

"Look at the stars, look how they shine for you…"

多少有些像个疯子，多少有些像个患上了自恋型人格障碍的穷诗人。我暂时忘掉了外边的世界，我吵醒了所有沉睡的星辰和隐隐发光的萤火虫。

路就铺在脚下，金色双子星也伴我同行，我在未来等待我自己，前行的路不会一直孤独。

只要眼里有风景，到哪都是去旅行。这是我一路上的感悟。

走的那天，我去大连海洋大学参观，并且发现了一个小海滩。我在海边久久伫立，眼望远方。我在海边的一块石头上，写了一句话：只为了那一眼蔚蓝色的海。

一个独自旅行的姑娘，把那块石头拍到手机里。瞧！我又留在了一个陌生人的记忆里。

我是多么幸福的人啊！

紧接着，是返程的火车，我从大连站到吉林市，几乎用了一晚上。到了吉林市，下车很多人，我找了一个位子坐下，窗外都是墨绿的树木，站着站着就成了永恒。

那些都是独一无二的风景，那些都是一生的财富。

只为了那一眼蔚蓝色的海，我穿越了孤独和寂寥；只为了找个安静的地方哭，我忘了所有曲折的来路。

一直走，不要回头

养　分

1

收到样刊时我正要到科学楼电脑室上口语课，一接到高三级长的电话后就像无头苍蝇一样奔着一直不知道曾存在着的收发室走去。其间，高三级长还打了好几个电话给我，告诉我具体位置。即使他不教我已经两年了，但见到时还是会调侃一下再探讨探讨议论文怎么写。他身旁的儿子个头已经长高了很多，看着他从幼儿园到二年级，看着我们在二中每个角落留下的这些足迹，看着师兄师姐们纷纷毕业然后到外地求学，看着新生们从不相识到熟络打闹，而我也在这不紧不慢的岁月里，踽踽向前，走了高三的一半。

2

十一月，我生活在的东南沿海城市，天气闷热，完全不像北国的秋天。每天太阳高挂着，滋养万物。我的心也像向日葵，终于学会了向阳，心情不似以前，倒是舒畅了不少。我算是已经习惯这种一成不变的生活，习惯把单调和无趣转化成充实与忙碌。

我换了位置换了同桌，新同桌话不多但也不是口蜜腹剑的人。她是被我嘲笑吃饭时也想着怎么做才能提高成绩的书呆子，她是一路考试都不理想但是又不肯放弃的憨人，她是存在我手机联系人三年的傻子敏……谁让我这么喜欢"我和我最后的倔强／握紧双手绝对不放"的坚持的她。她还跟我签订"梦想合同书"，就像约定一起实现梦想的合伙人，她每天早上帮我打好热水，为了给我省点儿时间去读书，她说有时佩服我对待事情认真，比如写文。

还记得星期日晚，她风尘仆仆地从家里赶来，一改常态趴在桌子上一语不发。我放下手中的笔问她怎么了，同桌一脸泪痕却告诉我没事。

直到下完晚自习，我才知道原来她妈妈做手术了，肿瘤。

说话过程轻描淡写，我无法了解她那一颗逞强的心到底承受了多大的痛苦与不安。她给我也给自己一个笑脸，笑笑说："我一定要考上大学，了了我与妈妈的心愿。"

我突然心酸到说不出话来，感觉就像是老爸打电话问我说要不要回家，我推说太多事情了回不来时，他在电话那头说："我也懂你学习压力大，我说不出什么漂亮的安慰话，你不要伤感，爸爸一直支持你。"

这个女生从来不在我说很惨时添油加醋说我比你更可怜，她会乐观面对生活带来的种种不幸。她也不说鸡汤，她相信血淋淋的现实比遐想带来的风花雪月更激励人。

这或许就是我喜欢她的理由吧。就像十二月一到，连绵不断的细雨侵袭着这座城，风从门缝里吹进有一种蚀骨的冷，耳机里富有磁性的男声在读着三千五百个单词。我望向窗外，阴冷的风吹乱了女孩儿的秀发，身旁的男孩儿帮她轻轻撩开。恋爱中的人似乎是弱不禁风的，我想到自己，竟然感到一阵失望。我示意她看时，她只是笑笑再无感。她一心想着学习，过比这种无疾而终更好的生活，就连面对别人言辞的偏颇，她也只是低头不语，静心学习。

当然她也会在看了我写的一些佶屈聱牙的文后给我鼓励，但她绝不会因此而耽误学习时间。

当我向她说昨晚又在书摊买了吴忠全的小说并抒发由衷的赞叹时，她指指黑板上渐近的倒计时，我浇灭了想要向她诉说昨晚在书摊又有哪位男生向我搭讪，但我一心沉浸在书海无暇顾及他的念头，我自我调侃一下又错过一段好姻缘后抬头便看见"合同书"，还有那些贴在讲台前的写满理想的便利贴，我在失望的罅隙却看到一丝逢生的机会，便也一头扎进了数学习题中去。

3

我在起风的日子里想起那段高三补课时光。

刚开始写稿是在高二快结束时喜欢上一个体育生以后，他有着好看的轮廓与薄唇，浓眉大眼像极了陪我度过整个童年的蜡笔小新。我那时候应该很喜欢他吧，不然怎么会帮他和他戴口罩的女朋友拍照时还手舞足蹈欢呼雀跃呢？

我欢喜地流泪，卑微到尘埃的女生有一天也能把写字梦实现了一次。

而后的二十天暑假，我暂且忘记自己是准高三，写了好几篇稿子，没有石沉大海没有杳无音信，但无一例外都被退了，原因是不是小说类型情节平淡之类的？我对编辑的回复锱铢必较，每晚深夜必读，想着怎样才能把感情抒发得淋漓尽致些，但是没等我娓娓道来，补课就开始了。

我曾试过泄气试过寂寞到死，我每天都在背书听课，但一考试脑子就短路，数学每次都刷新最低纪录，我自卑到不敢跟老师交流，也不敢发邮件给编辑。每天浑浑噩噩，夜里的暗色台灯与长篇大论却成为那些天治愈我的良药，但我的浅薄令我无法虚构故事，刻意的虚构与刻画在我眼里是不真实的，我有心却无力去把故事还原，拙笨如我。

那些天里喜欢上看窗外的繁华世界，我憎恨窗外的他们不懂我，我置身其中，但他们却是静观其变。我戴耳机会被班主任勒令关掉手机，我看文摘会被语文老师抢去然后自己看，我看看数学答案再做题会遭到数学老师的批评，一切都如此不顺心，就连在终于熬到开学后的大热天时，寝室却闹虫子而我不得不搬到校外，也因为不习惯新环境而得了过敏症。那段时间的我是不快乐的，生活恍如一潭死水没有起色，每天值得期待的恐怕只是在夜里蜷缩在床角写为赋新词强说愁的日记，以及因为不能做自己喜欢的事而哀伤不已罢了。

嗯，令我着迷的事物果然是有限的。

4

距离政治课下课还有五分钟时，我被窗外那缕阳光吸引得六神无主。班主任叫了正迷恋地看着太阳的我，然后半开玩笑地说，终于能见到太阳了。

是啊，下了一周雨后的天空终于放晴了。一下课班上的同学就一窝蜂地跑到走廊晒太阳。感觉阳光之于我们，就像干旱了几个月的大地逢甘霖一般，同等重要。

几天前我认识了一位当代文学出版社的退休主编，她用地道的北京腔告诉我想要当编辑要有一颗耐得住寂寞、甘受冷落的心，她说要有很强的逻辑思维还要博览群书，她说且不论现在兴趣是文字等过了六七年兴致还在再谈也不迟，她说现在最重要的是把每科功课学好……

于是我把数学当作心头肉手中宝，课前预习耐心听课，课后复习，也因此成绩好起来，我也竟因此一点点恢复了自信。毕竟我没有梦的天分却有梦的天真，毕竟我还是那个想要得到老爸认可的女孩儿。

而后在周六晚上我还是做出了疯狂的举动，搭着摩托车被风吹得没有形象地去见了喜欢的写手——街猫。一切如想象中的美好，还有的是她独立独行的思想深度。她不说她有思想，但她调侃自己观点太多。

暖气厅里我们低头写英语，不时抬头聊聊编辑、写手与文字，令我想起至今为止第一次和别人深聊到凌晨三点的补课光景，再在那些漫溷的时光里看她每天按时发给我的文章。她善谈又能把你深深融化,让我自己都感到处身于梦中,似幻似虚。

英语作业最后还是没完成,跟她临行一抱告诉我要加油,我感激她陪伴了我这么久。坐上车后看到她独自一人轧马路,风大得可怕,她穿得单薄,感觉和这繁荣的街道格格不入。我确实历练不够,而她像是已经能一个人帅气地面对生活,就像吴忠全说,只有忍受了生命的寂寥与孤独,才能成为更好的人。

突然间觉得我承受的根本不算什么。

希望我们能像《老人与海》里说的,生活总是让我们遍体鳞伤,但到后来,那些受伤的地方一定会变成我们最强壮的地方。

5

"你对未来如此期待,甚至没想过高考的退路,那就不要打退堂鼓,不要再说复读这种苟且的话,不要再期望有什么意外美好的事,你能做的只是继续走,不要回头。"

这是我看完毕淑敏写的一篇文章后写的日记。她说回头不是单纯的一个脖子的动作,而是心灵的扭曲和战栗。她说练练看,不回头,你就发现,行进的速度快了许多,心情也好了不少。她说一直写下去,不要回头。

我感激生活里遇见的这些人,经历的这些事,在我感到一切都与我背道而驰,在我自信损坏时,告诉我,继续走,不要回头。它们都会让我羽翼变得丰满,脚下的路变得踏实。也像是一阵吹拂我窗边的君子兰的风,轻轻拂过写着我少女心事的日记,斟酌着品味着字里行间的故事,然后告诉我,即使浮光掠影,即使往事如烟,都要秉持自己心中的烛之光。

我会一直走,不回头。待我步履蹒跚时看见自己一笔一画写出的文字,心头依然会滚烫。

你又何必拒绝温暖抵达

——写给那些我亲爱的初三四班的同学们

麦田田

有一年，骑自行车行驶在路上好端端被小汽车给撞倒了，司机肇事逃逸，我膝盖骨严重受伤。那时正值爸妈出差，没有一个人可以抽开身来照顾我，更绝望的是再过半个月就要中考了。我整天待在医院的床上，看着天花板数着上面的污渍，看累了也只能微微侧过头看窗外的天空。那时通信设备不方便，学校封闭式的教育没能让我任何一个同学正大光明地走出校门来看我，班主任每次都会带一沓试卷过来，她语重心长地跟我说："华子，别担心，无论如何你都能上好点儿的高中。"再后来班主任一忙起来也忘记试卷这件事。日子就像脚踩软布或者踏进泳池时的那种不真切感，让我觉得非常不舒服。

认识阿舜纯属偶然，他是养正高中的学生，听说他一天内流了两次鼻血，便来医院体检，全身黑的校服使他的脸色显得更加苍白。他住我隔壁床，被美丽的护士小姐抽了一管血后便吊起了点滴。大晚上他的肚子咕咕叫，在吃了我奶奶带的饭菜后，便和我结成了革命友谊——一个同样不能下床的初三学生和一个高二学生匪夷所思的友谊。

阿舜说他爸妈在美国，不能回来看他。

我说："我爸妈准备出差回来后离婚。"

阿舜说他急着出院去参加市里的考试。

我说："即使中考我也出不了急诊部一步。"

阿舜从病床那头伸过手来摸摸我说："傻姑娘，你想表达什么？"

"我比你惨。"说完，我内心凉了一大半，继续说，"你知道吗？从我有记忆以来，我生病都是在急诊部同一张病床上度过的，我可以清楚地告诉你戴上眼镜看天花板上有三十七块污渍，摘下眼镜有二十二块，随着我近视程度的加深，我现在只能看到模糊一片。"

"喂，你怎么睡着了！阿舜。"

阿舜有一口标准的美式发音，他说他每天都有听BBC的习惯，因为他想去美国。我对英语学习并不是很感兴趣，听他讲英语国家的事情，感觉自己就像隔了一个世界那么远。

他跟我说星巴克的名字，是来源于美国作家麦尔维尔的小说《白鲸》中一位处事极其冷静、极具性格魅力喜欢喝咖啡的大副，他还说咖啡有营养，但不能常喝。

他是养正高中实验班的学生，可以选择保送上海的大学或者出国，可我连挣扎的机会都没有就已经参加不了中考，没法选择想要读的高中。他鼓励我学好英语，将来去美国找他玩儿，可我意兴阑珊地对他说："我上不了高中，家里也没有那个条件。"便侧过头不理他。

阿舜出院了，留了个QQ给我。那天我对新换的药过敏，当晚就浑身难受地从床上翻滚到地上，膝盖骨疼得我差点儿晕了过去。我没有勇气爬上床，因为非常疼。冰冷的地板将我围着，周围都是入睡的人，我咬着嘴唇却不肯哭。

年少的倔强也不知是一种真的坚强还是一种孤立无援而选择伪装坚强。那时噙满了眼泪，疼得翻不了身子，一步一步用手拖着整个身体前行。爸妈三年都没来开过家长会，我都不曾哭过；没有一个同学能来看我，我都不曾哭过；参加不了考试，我都不曾哭过。为什么我要因为这身上的某种痛就这么难受？我在地板上拖着身体，朝门框抓去。我抓住了门框，又扶着门外的墙壁走。我不知道我要去哪里，我也不知道我的未来在哪里，我只想逃离这里。我突然好想阿舜，我好想去他所说的那个美国，去喝喝星巴克……

那年中考正值流感暴发期间，有人坐着救护车被隔离开一间教室单独考试，也有人说学霸从楼梯上摔下去头部受伤，带着纱布坚强地考试。那年中考考第一科语文的时候，我在医院打消炎药，周围病床上都是一群被排除甲流但发高烧的养正高中的学生。

阿舜觉得我受不了中考的打击，中午就端着饭盒过来陪我数天花板上的污渍。

他说，想哭就哭吧。我回了句"神经病"，便躲进被窝里哭。

护士小姐给隔壁床换新瓶时，问阿舜我为什么哭。

"不许说！"我没好气地从被窝里露出头。

"因为今天中考。"阿舜无可奈何地摇了摇头说。接着护士小姐以一种吃过很多盐看透生死的高冷态度说："你是笨蛋吗？"

护士小姐说："难不成以后想像我一样伺候你们这群伤秋悲月的人吗？另外一条腿不是好好的吗？爬也要给我爬出去！"

那年甲流困扰着很多学霸，而我的青春期都在甲流暴发期间完成蜕变，不管是一年后我对甲流疫苗免疫力不够而入院，或者是受它影响，我的一些同学被隔离起来了。虽然谈不上比非典的暴发来得悲壮，但在我那学生时代，却比任何事情都悲壮。

那年中考福建英语很简单，听说平时不能及格的都在那次考了一百三十分或者一百四十分以上。那年中考听说有个人的试卷被风吹走好多次，监考老师忙着捡试卷。那年中考，我全身颤抖地出现在离医院有一小时车程的母校门口。

我不知道我要去哪里，也不知道我的未来在哪里，我只想逃离这里。

中考前第一志愿填的是养正高中，中考过后没考语文也没有什么奇迹发生，我在一所普通的高中就读，其间因为疫苗免疫力不够或是在去比赛的路上从楼梯上摔下来进了医院。经常看护我的护士小姐依旧高冷，父母结束了长达二十年的婚姻，我和弟弟跟了妈妈。但和阿舜彻底断了联系，我不知道他现在是在国内还是在国外。

我和他原本萍水相逢，只不过他在我隔壁床就这样认识。他跟我说过星巴克的由来，跟我说过咖啡很有营养，但不能常喝。他还鼓励我学好英语，去美国找他玩儿，只不过来不及告诉他的是我学了十几年的英式发音，听了多年的BBC，已经习惯了，但我仍无法拒绝的是曾有那么一群人给予你希望，告诉你跨过去就能接触到你想要的温暖。

世界上不懂你的人很多，可能是你父母或者是你朝夕相处的朋友，你在痛苦中煎熬，你难过得不知所措时，他们并不知道，但若有点儿温暖，你又何必拒绝温暖抵达。

147

只为了那一眼蔚蓝色的海

永生不会再遇的海

zzy 阿狸

1

Z中有个不成文的规定，复读生不用参加八月份为期三天的军训，但我觉得待在教室里翻那些烂熟于心的课本有点儿透不过气，其实更重要的是坐我一旁的另一个复读生梁小巧老是板着一张黑脸让我受不了，所以我还是咬咬牙顶着烈日跑去参加军训。

其实这也是一个和新同学拉近关系的不错的办法。

列队时站我一旁白白胖胖的梁小胖叽里呱啦地和我说了很多八卦，譬如说A的女生缘很好，很是让其他男生妒忌；B的篮球打得很棒，有一堆死忠粉；C的性格很奇怪，班上很多女生不喜欢和她玩……

原来真是人不可貌相，你看梁小胖这个小胖子的八卦能力竟然不输女生。

军训的第三天下午即将进行会演，黑黝黝的教官把这次会演看得很重要，于是加班加点让我们操练。大中午的，操场上只剩下我们一个班在训练。

突然前排的一个女生毫无预兆地晕倒了，站她旁边的一些女生吓得尖叫连连不断后退，很快地让出了一块地儿。

教官见怪不怪，环视一周后说："赶紧的，哪个同学扶她去校医室！"

让我惊讶的是，没有一个女生举手，很多男生更是憋红了脸，怕是觉得男女授受不亲吧。我被烤得有点儿受不了，擦了擦汗后举起手说："我来！"

我看到了她的名牌，上面写着高三五班林海儿。她的四肢僵硬扶着走不动，只好让几个人帮忙把她扶到我的背上，我才发现原来这个女生挺沉的，不得不再次感叹人不可貌相。

蝉声很噪，耳边回响的却是刚才梁小胖悄悄对我说的："她就是C。"

2

到校医室后，饿了一个早上的我已经严重体力不支。把她安置在病床上，校医连忙进来，我乖乖地退出了小房间，坐在外面的藤制长椅上歇息。

校医急忙在药柜里翻找什么，我看到她的头偏向了我这边，然后偷偷地睁开眼，朝我吐了吐舌头。

原来只是装晕躲开烈日。

我觉得好气又无奈，气的是我花了这么大力气背她，真想朝她翻白眼，但关系又没有那么要好，最后还是拘谨地笑笑，装作没关系。

折腾了好一阵子后，操场上的人群早已散去，这个点儿饭堂已经关门，林海儿建议我和她一块儿出去吃酸辣粉。我实在不好意思告诉她这是我第一次吃酸辣粉。

在校门口的大口九饮品店里，她很熟练地点好餐，我犹豫了很久后还是要了一碗。当面端上来的时候，我的眼珠子都快掉下来了："你确定这货能吃？"

林海儿听到后笑得前仰后合。她倒是一点儿也不客气，一个人大快朵颐。我看着碗里仰泳的酸豆角很久后，还是吃了几口。

中午躺在床上，五脏六腑似乎都在翻滚，翻来覆去睡不着。

准备会演的时候闹肚子疼，班主任本来也没打算让我参加汇演，就让我请了假，林海儿也以中暑身体不适的理由请了假。她对我的不适没有任何负罪感，真是气坏我了。

下午三点会演准时开始，林海儿把我带到了学校楼顶一个秘密的走廊，那儿的光线不太好，但不属于班级承包清洁范围，所以这地方鲜有人来，但恰好能透过墙上的一排小窗看得到露天剧场。

那天下午我们俩就趴在小窗上看完了整套的会演。

那天的夕阳悄悄地透过小窗伏在我们的肩膀上，稳稳地睡着了。

3

开学后的感觉有点儿奇怪，而不是奇妙。再版的总复习资料、一模一样的知识点、熟悉的例题，就像是耗尽力气跑完了全程，却被告知计时设备失灵，要求从头再来。

开始的几个晚上我总会在半夜里醒来。我不知道自己想要什么，也不知道自己拥有什么。抗拒得不想融入这个新的集体。而这些缠绕在心头的思绪却又无法倾诉。

梁小胖也不知道怎么安慰我，他故作神秘地给我看了一个木箱子，告诉我这里面全是他买的零食，要是不开心就大吃一顿好了。

我心里头觉得暖暖的。

从此以后梁小胖做不完的作业我都会默默地借给他抄。

很快九月月考，接着就是国庆小假期。各科老师布置了一堆作业，放学那天我胡乱地收拾东西赶着回家，等到我要做生物作业的时候才发现把一张试卷落在教室里了。

那时候是十月一日晚上八点。

我骑单车回去学校，门卫刚好不在，我懒得登记名字直接溜进去。黑漆漆的教学楼像一只沉睡的野兽，教学区只有路灯亮着，我忘了带手电筒只好摸黑爬进教室，好不容易找到了，跌跌撞撞挨了好些碰。

走廊很长很静，我不太敢往一旁的教室看，觉得很恐怖。

突然我听到一声尖叫，有手电筒光在我身上晃动，不远处正在巡逻的门卫跳起来大骂："怎么又碰到一个！我还以为见鬼了！你和那个女生是不是约好的？说！你是几班的！"

情况不妙，我开始没命地跑，撇下门卫在后面大吵大骂。

躲在校门口停放自行车的地方，我靠着墙大口大口地喘气，听到有人喊我："哎？宋宜年你怎么也在这儿？"

抬头发现林海儿正严肃地看着我，手里还攥着一本物理练习册。

我晃了晃手里皱巴巴的试卷，一脸不可思议地对她说："门卫说的那个女鬼就是你吧？"

林海儿的脸唰地一下红了，急忙踩了一下我的脚。我小声地嘀咕了一句："怪不得小胖说大家都不喜欢你。"她瞪大了眼睛，挥舞着拳头作势要打来，我忍不住笑出了声。

后来又陪着她去吃酸辣粉，这回我只吃了一对烤翅。和她有一搭没一搭地聊了很久后才想起只有爷爷在家，匆匆告别后赶紧回家。

心情突然变得很好，自从发生了那件事后我以为自己再也不会开心起来。

小心翼翼地开了门后，爷爷正坐在沙发上睡觉。我轻轻摇醒他，爷爷还是像以前一样惊喜地喊："汉树是你回来了吗？回来了就好……"

"爷爷，我是宜年。你该上床睡觉了。"我心头一沉，仍然重复着同样的对白。

汉树是我爸爸，那个一年只会在过年时回来一次，每个月只有银行提醒转账时才会被想起的男人。

爷爷，你知道的，他不会回来了。自从离婚后，他一直在逃避这个家，不是吗？

从那以后，我和林海儿的关系慢慢地好了起来。

她不像大多数女生那样安静内敛，但至少她不做作，喜怒哀乐都写在脸上，不在乎别人的看法觉得自己开心就好。

试问那些嘲笑她的人里又有多少人能像她一样活得坦荡？

正因为她很坦荡，所以有一天和她一块去高三饭堂用餐的时候，她兴奋地指着一个男生问我："宋宜年你快看！他帅不帅？"

我顺着她指的方向望过去，原来是高三九班的林许杨。那个男生在学校里挺有名，成绩很好，长得又好看，换过的女朋友可以打一桌麻将了。

别问我一个大男生怎么会知道这些，你想象一下一个坐你前桌的女生天天像唐僧那样念叨，能不知道吗？

"嗯，挺帅的！"我趁她在发花痴的时候悄悄地把她饭盒里的鸡翅吃了，林海儿发现时又踩了我一脚。

"他身上真的有好多优点呢，要是他肯做我男朋友就好啦。"林海儿叹了一口气说。

"得了吧，就你这模样怕是暗恋的资格都没有。"我坏笑着对她说。

其他女生对自己喜欢的男生不敢张扬，小心地收集他的消息后再一个人慢慢消化，怕是到了毕业也不会表露自己的心声。而林海儿不同，她会想办法认识林许杨，想办法让他知道她的存在，一切都毫不顾忌，这让很多女生都暗自妒忌。其实我挺支持她的，敢爱敢恨，爱谁谁。

但这也常常闹出很多尴尬的场面。

林海儿精心为他挑选的钢笔会连同其他女生送的礼物一样被随意处置；篮球赛为他呐喊助威却连体育馆的门都挤不进去；月考为了排名

能和他的名字靠在一起而拼命开夜车复习……而结果只会令她不断地失望。

我多羡慕林许杨这种只存在于玛丽苏小说里的男生啊，为什么我就不能当光芒万丈的男一号呢？

即使这样，林海儿也没有放弃过，她和我很认真地商量："和其他女生比起来我的长相完败，唯一可以挽回局面的只有成绩了。宋宜年，你都是念高四的人了，临场经验丰富，教两招给我呗？"

我的心咯噔一下，随后一脸窘相地说："我要是有能耐早就去清华北大花前月下了，哪还会复读？"但我实在看不过去她这样只会用蛮劲儿又不懂得找方法去学，于是每天下午放学后还是会和她一块去图书馆复习，顺便指导一下她的学习。

几次月考中，林海儿的成绩出现了好转，排名慢慢游到了年级的中上层。即使这样，能和林许杨并肩的只有我的名字，这让林海儿惊讶万分。我耸耸肩解释说纯属好运而已。她一直追问我考得那么好我的爸妈干吗还让我复读，我一直不敢告诉她真正的原因。

153

5

可能是皇天不负有心人吧，某次课间活动，林许杨主动向林海儿打招呼，她那个激动啊，我仿佛能看见她心里的那头小鹿快要杀出一条血路来了。

那已经是快临近寒假了，林海儿为了秀出自己还是有那么一点儿姿色的特意穿着比较单薄的衣服，我气得跺脚："林海儿你这神经病不冷吗？你是不是不要命了？"

"才不冷呢，你不知道他的眼神可是带着光和热的，每当他和我的目光对上时，我全身就暖烘烘的！"她摇了摇头后一脸自豪地说，"我不要命我要他就够了。"

我摸了摸她的额头说："这么冷的天发烧是正常的，我们不能讳疾忌医，走，带你去校医室看病。"

林海儿有点儿生气了："宋宜年！你就当我是疯了好了！你要是不喜欢可以不管我啊！"

我实在放心不下，只有努力配合她。

大年初二是林许杨的生日，刚放寒假林海儿已经开始和我商量如何在他生日那天表白，看在她女追男的份上我帮忙出谋划策，可是很多主意都被她否决了。最后决定了在街心花园那边买很多彩色气球，然后在每个气球上都写上他的优点，再花五十块请看门的大爷在地面上用彩色灯光投影出"我喜欢你"这四个字。

那年春节爸爸并没有回来，收到的只有一条简短的短信，上面有着四个冰冷的字：新年快乐！爷爷知道后心里很失落，一个人偷偷在房间里抹眼泪。

我努力装出淡定的模样去筹备年货，把家里收拾得干干净净，我相信两个人也能把年过好。

年初二那天晚上，我和林海儿早早地就到了街心花园，那天晚上天气出奇的冷，平时热热闹闹的花园只有寥寥无几的人在逛。握着气球的手已变冰冷，可是林许杨还是没来。雇好的大爷实在等不及了，十点多草草地在地上投出"我喜欢你"的字样，还伴随着梁静茹的名曲《勇气》，无比浪漫。

但我想此刻林海儿的心应该会无比冰冷。

她突然把手上的气球放飞了，气球争先恐后地上浮，像是不小心目睹了这场意外后赶紧逃离现场。

我不知道该怎么安慰她，突发奇想地说："林海儿，要不明天来我家玩玩吧，你的功课很久没做了，我免费帮你补习。"

林海儿转过头来，眼泪汪汪地点了点头。

肯定不是被我感动的，估计是被虐哭了吧。

6

那天晚上回家后我翻箱倒柜把家里好吃的都找出来，把家里好好重新收拾一遍，倒在床上的时候已经是夜里两点。

第二天林海儿早早地来了，那天她穿着蓝色羽绒服，把头发扎成好看的马尾，围着白色的围巾，看起来很有活力。

开门的时候我脱口而出："嗯！不错，越来越像女生了。"

又是一脚。

我痛得叫了一声，爷爷从卧室里探出头来，推了推眼镜说："小年，有同学来怎么不告诉我一声啊？"

林海儿的脸上立马堆满了笑容："爷爷好，我是他的好朋友，过来给你拜年了。"

我接话："拜年怎么不带点儿水果来？"

爷爷哈哈笑了几声后说："还不快请人家进来？你这孩子真没礼貌！"

林海儿对我露出了胜利的笑容。

爷爷年轻的时候在北京做过大厨师，口碑很好。退休后在家里闲着，很少施展厨艺。这次他竟然破天荒地下厨，用一大桌子菜招呼林海儿。

林海儿连声感叹："真是家有一老，如有一宝啊！"爷爷被她逗得很开心，老是乐呵呵地笑。

吃完饭后，林海儿执意要帮忙洗碗，最后两个人挤在窄窄的厨房里洗碗。

洗碗的时候水槽里满是泡沫，看不出碗在哪儿，我胡乱一抓，竟然抓住了她的手。瞬间犹如触电，我的脸唰地一下红到脖子根儿。

林海儿连忙松开手，我才后知后觉地说了声："对不起。"

那天下午的补习还是正常进行。把她给送下楼后，爷爷坐在摇椅上一脸云淡风轻地问我："你小子快说，她是你女朋友吧？"我把头摇得像拨浪鼓。爷爷补充了一句："哎，可惜了。这姑娘看起来还不错呢。"随后他专心致志地看报纸不再说话。

我活得坦荡荡，才不心虚呢。

7

开学后，离高考越来越近，林海儿告诉我林许杨打算考去Q大，她很诚实地说她考上Q大是不可能的，但她希望可以考去北京，和他同一座城市也好啊。

我叹了口气说："看来你还是不死心的了。放心啦，我会好好帮你的。"

她突然低下头对我说对不起，我装作听不懂的样子，她支支吾吾地说："我知道现在自己的行为很蠢，但我就是喜欢他啊！无论被伤被拒绝多少回，只要他一句话我就能原地满血复活。所以请你再让我试一次吧？"

林海儿把头发剪短以示她努力拼搏的决心，每天玩儿命地学，疯狂地刷题。最后一次模拟考，林海儿考得不太理想，她哭着问我怎么办，这是上天要让她知难而退吗？我一时语塞，想了很久后在晚自习给她传小纸条：结局总会是好的，如果现在的结局还不令你满意，只能说明还没到最后。

高考终于轰轰烈烈地到来，那年的考题很难，林海儿却人品大爆发考出了史上最高分。林许杨考了全市第二，而我也发挥超常考了全市第一。

最后林许杨如愿以偿去了Q大，林海儿也勉强考上了北京的一所高校。林海儿高兴得请我吃了顿大餐，还常常跑来我家里陪爷爷下棋，搞得像我女朋友似的。

"你终于得偿所愿啦！"

在林海儿即将和林许杨一同坐上去北京的列车时，我热泪盈眶地对她说，毕竟胜利在望了。林许杨很绅士地笑了笑，林海儿朝我翻白眼后又踩了我一脚。

那天的风挺大，她的头发被风扬起，像柔软的水草一样飘动。临开车时，林海儿探出头对我说："宋宜年，我不知道该说什么好。我……"

"那就不要说了。"我打断了她的话，我不知道为什么要那样说，说了后心里反而有点儿不舒服。

向她挥手告别后我匆匆离开，家里准备开饭了。

开学后，从老同学口中得知林海儿仍然死盯着林许杨，有什么风吹草动她都看在眼里。在她开展了一学期的死缠烂打穷追不舍后，终于把林许杨收入囊中。

都说男追女隔座山，女追男隔层纸。那么他们之间的那张纸肯定比一座山还要厚吧？突然想起了所爱隔山海，山海不可平。但林海儿这个一根筋的精卫最后还是靠自己的努力把它们填平了。

我真替他们高兴，真的。

8

该说说我的故事了。

在收到了录取通知书后，爸爸回来了，带着满身的风尘仆仆。当爸爸扑通一声跪在爷爷面前，热泪盈眶的爷爷开头的第一句不是破口大骂，而是"你回来就好"。

那一刻突然觉得所有的错误都可以被原谅，因为父母的爱能够包容一切。想到这儿，我再也没有理由恨爸爸。虽然这些年他在逃避这个家，但他没有逃避他应该承担的责任，每个月努力挣钱养活我和爷爷，他从没有亏待过我们。

告别林海儿的那天，爸爸做了一顿很丰盛的午饭，那么多年，这一顿迟到的团圆饭终于来了。现在想起来，空气都是甜的。

至于我为什么选择复读，是因为那年高考我并没有参加。6月7日视我如己出的小姨出了车祸，最后抢救无效身亡。小姨的子女都在国外赶不及参加葬礼，外婆家希望我可以为她披麻戴孝，我毫不犹豫地答应了。

高考可以再考一次，但最爱我的人走了就不会再回来，所以我想和她好好地告别。

当我重新收拾好心情，带着满身的伤痕来到这所中学报到时，我觉得自己就像一座孤岛，一座没有海簇拥着的荒岛，鸟不会栖息，草木不会发芽。

而当我遇到林海儿的时候，当你逐渐渗入我的生活的时候，我才发现原来你是一片我从没见过的海洋。

林海儿，海儿。我不敢告诉你我复读的原因是因为我不敢提起。伤口不是用来炫耀的，治愈的能力永远只在自己的手上。而你只需要负责貌美如花，疯疯癫癫去爱去恨就好。

你开心就好。

其实告别那天我还有很多话想和你说，因为我知道从此以后很可能再也不会见面了。但有些话还没说完就算了吧。高考注定是一场兵荒马乱，有些故事注定有始无终，有些人注定是错过。我终于可以笑着接受了。

最后我选择了留在南方的一所高校，这样方便照顾我的爷爷。我会有新的生活，新的朋友圈，新的运气，只是可能再也不会见到海洋。

那天在校医室里与你眼神对视的时候，我忘了告诉你，你的眼睛里有一片很蓝很蓝的海。而你的眼睛，是我永生不会再遇的海。

趁时光还来得及，我想"疯"一次

默默的 FY

朋友问我理想是什么，我想了很久，却支吾着没有答出来。的确，在我成长的这十九年时光里，我循规蹈矩，一直呆板地生活着。

儿时，想成为一名画家；年少时，想成为一名设计师。而这些却在现实的面前显得不堪一击。我翻看数理化的习题册，依稀还能看到曾经画在边角的图案。我站在人群中，挤上了高考的独木桥，却没想到同样也挤掉了自己的梦想。在这十九年中我努力着，却学的是根本不适合我的数理化。我羡慕成绩优异的同学，他们有理想，有渴望的知名象牙塔；我同样羡慕学习成绩差的同学，他们有自己的爱好，并在艺术中体会到自己的价值。而我呢？一流大学与我无缘，却不能放弃，我以一次次考试的成绩刷新着脸上的笑容。高考结束的那一刻我除了想美美地睡一觉，大脑几近空白，这空白持续到报考。在一片片茫然中我又一次听从父母选择了与画画毫无关联的工科，只因为这个专业比较好找工作。

我突然想为自己疯狂一次，毕竟我也想在空白的青春上描绘属于自己的色彩，我这条咸鱼也曾经是有过梦的。

每个父母都希望孩子有个能养活自己的工作，哪怕那并不是他们喜爱的，画家的梦想、设计师的理想在我的现实世界中毫无说服力。而我因为没有信心在全世界都反对时，用所有力气追随它，轻易选择了放弃。

只为了那一眼蔚蓝色的海

像我一样，我身边许多都是听话的孩子，我们墨守成规听父母的安排，高中的朦胧爱情也在学校杜绝早恋的政策声中消失在萌芽状态。我没有通宵过，没有恋爱过，甚至没有做过任何疯狂的事。我在习题的海洋游到今天，突然失去了方向感，开始害怕，感觉自己的梦想快要丢了，我怕我都不知道自己想要什么。

朋友热爱音乐，他说对于玩儿音乐的人来说年轻真好，我还有时间坚持我的梦想。我突然很羡慕他，在年少轻狂时坚持自己热爱的摇滚，组建自己的乐队，唱自己最爱的歌；同时我又担心他，当而立之年时，在养家糊口的责任面前，梦想又该放在哪里？可是我终究是佩服他的，在最美的时光做自己最爱的事，最起码他不会后悔，有一段值得回忆的青春往事。我在心底默默祝福他，祝福他带着执着、带着对音乐的热爱唱一辈子歌，在舞台上一直演出到老。

那些背着吉他浪迹天涯的人也许与世俗显得格格不入，但他们在面对苦难挫折时却因为有梦想而熠熠生辉。努力学习的我们，又有多少知道自己所爱？又有多少哪怕一次去努力实现自己的理想呢？当闲下来的时候又有多少知道自己要做些什么呢？

有些事情可以等，但是时光却不等你。就像豆蔻的青涩在十八岁之后便无法再体会到，错过最美的爱恋后被逼婚的剩女爱情会多一份苦涩。

我们也许不敢如此疯狂地追求梦想，但起码我们应该把它放在心里最重要的地方，趁着年少、趁着时光还好去努力一次，哪怕失败也好苦涩也罢，老了以后的日子我们都不会后悔，也都有过真正属于自己的青春。

祝追梦的你不放弃，祝追梦的你梦想成真。也祝我们抓住最美的时刻追一把真正属于我们自己的青春、我们的梦。毕竟现在时光还来得及，毕竟时光不等你。

夏　天

杨湘琳

　　和小天有关的故事都发生在夏天。虫鸣扯动时间的轴线，回到初见的那个夏天。燥热的夏天，除了屋后那棵遮住半边天的老榕树一直有条不紊地掉树籽外，一切都是躁动的。午后的燥热最令人难耐。八岁的我，两个指头穿过抽屉的缝隙，灵巧地夹起一张一毛钱，迅速地揣进兜里，然后蹑手蹑脚地溜出门。巷子尾部的那间小卖部，对这个年龄段的孩子来说充满了无限的魔力。花花绿绿的零食，挤出了窄小的店面，只让出一张躺椅的位置，供小卖部的老爷爷一边躺着一边用一只黑色的大夹子拔灰白的胡须。我抵达小卖部，轻车熟路地拉开冰柜，目光留恋地扫过那些颜色艳丽的果味冰棍，用两根细小的指头拣起一根糖水冰棍。夏日，午后，小卖部，冰棍，这些词串起了夏天惊心动魄的冒险和最美味的凉爽。付完钱，把冰棍护在后背跑到屋后，我才赶忙抬头迎上满口融化的糖水，放心地享受起来。当我从如痴如醉中回过神来，才注意到对面一个男孩子一直在看我。

　　一个男孩子，长得有点儿奇怪的男孩子。

　　"喂，你想吃吗？"我看他一直盯着冰棍，就大胆地问。他没有回答，也没有移开目光，只是把食指放进了嘴里。

　　我想他是很想吃冰棍，于是我又狠狠地吸了一口糖水，然后把冰棍轻轻地放在旁边一块石头上，跑开了几步，又回过头来对他喊：

161

只为了那一眼蔚蓝色的海

"喂，过来吃啊！"他迈着缓慢的步子过来，慢慢地捡起冰棍，学着我的样子吸了一口糖水，咧开嘴对我笑。

"真傻。"我嘀咕了一声，头也不回地跑开了。

当晚我才知道，他是邻居陈奶奶的外孙，叫小天，假期到村里来玩。由于住得近，经常见面，我们很快玩到了一起。

夏天的夜晚，太阳的怒气减退，曲折而少有车辆经过的小巷成为我和邻居几个小女孩儿玩儿"你跑我追"的不二场地。当然，现在我们的玩耍队伍扩充了——多了唯一的男孩儿，小天。小天每次都当抓人的人。他很笨，从不知要些"声东击西"的小计谋，只会傻乎乎直愣愣地冲过来抓人，两条小短腿跑起来又很慢，所以很少能抓到人。但他从不耍赖，也不抱怨，于是这个游戏我们总能玩儿很久，待到欢笑声渐渐停歇，大家都筋疲力尽时才结束。一群男孩子，经常在我们玩的时候捡小石子来扔小天。小天一边笨拙地躲闪一边叫着："阿鲁鲁，迈，迈。"小石子的密集攻势常急得我们女孩子直呼自家的大人。男孩子们撤退前，还不忘丢下几句："阿鲁鲁，傻仔，傻仔！"有些扭曲的笑容像僵硬的面具。

162

我虽然也觉得小天傻，但我不能容忍别人用"傻仔"作为小天的代名词，因为觉得那不是一个好的词。小天的行为举止是显得有点儿笨拙，他走路很慢，说话只能吐出单个的字音。大多数时候我们都在用艰难的联想串联出他话里的意思，半途而废或假装恍然大悟是常有的事，但没关系，小天不在意。他的长相确实有些奇怪：眼睛是狭长的缝，鼻子是小巧的点，嘴巴是一扇合不拢的大门，里面卧着他长长的舌头。他常常呆呆地仰着头，像是在观察周围的一切，又像是在思考自己的问题。但他让人感觉那样纯洁没有棱角，空白得像一张纸等待你的想象着笔。"小天是傻乎乎的，但是绝不可以叫他'傻仔'。"我这样笃定地认为。

小天的嗜好是看潮剧。妈妈说，是因为他经常一个人在家里看电视，而电视里永远放着潮剧。于是我的脑海里经常闪出这样一个画面：

昏暗的房间里没有开灯，电视屏幕的微光艰难撑出周围家具的轮廓，映出小天浸在潮剧音韵中的脸。小天坐得离屏幕很近，就像一只趋光的飞蛾。夏天的夜里，村里的戏台经常有好戏开唱。小天很兴奋，总是早早地搬一张小凳子去占位。戏台前的人渐渐多了起来，人群和小天间自动形成一圈空白地带。人们的目光时不时投向宛若处在孤岛上的小天，又好奇又谨慎。三弦一拉响，幕布一拉开，舞台上的演员当之无愧为焦点，但小天，仍让不少人分散了注意力。他仰着头，目不转睛地盯着台上，嘴巴一张一合发出"咿咿呀呀"的吟唱，那样专注与投入。有人在笑，有人在私语，我的目光穿越重重人影，笃定地落在小天的脸上。那张空白如纸的脸上荡漾着舞台的暖光，我从那张脸上看到一个空白如纸的世界，那是小天自己的世界，没有人的想象可以着笔。

小天在陈奶奶家度过的时光是快乐的，但这段快乐时光的结尾，却显得仓促而又有些残酷。

那天晚上，我们又在玩"你跑我追"的游戏。我们的同伴小美因为摔倒而被小天捉住了。"哇！"趴在地上的小美发出了锥心的哭声。我隐隐感觉有些不安，但又故作镇定地高声喊："小美，不许耍赖！"大家聚了过去，却被地上拙沌的黑影吓退。血，一颗一颗圆滚滚的血珠源源不断地从小美的下巴滚落，在水泥地上摔出一个恐怖的印记。寒意似闪电从脚底蹿上我的脑门，我的大脑如同受到干扰的电视布满雪花，肿胀而疼痛。小天呆呆地看着大家，抓着小美的手还不懂放开。小美的妈妈闻声赶来，尖叫了一声，把小天狠狠地推开，抱起小美就往医院跑，哭腔糅合脚步声撒了一地："哎呀短命的傻子啊，哎呀我的小心肝啊！"陈奶奶又急又气，只能把巴掌往小天身上拍："叫你玩儿！叫你笑！怎么能把人推在地上呢！"小天疼得直跳，嘴一张"哇"地哭了出来。场面一片混乱。"小美是自己摔倒的。"这句话在急促的心跳中，滑进了我深不见底的咽喉。

第二天我就看不到小天了。他妈妈连夜过来带他回去了。之后几年，小天来过几次，但待的时间都没有初见的那个夏天长。我们长大了，也不再聚在一起玩儿了，更多时候，小天就只是待在陈奶奶家。我也开始明白别人叫小天"傻仔"的原因，并小心翼翼地把小天归类于一个生硬的名词——智障。智障，就是脑子里的某个区域出了问题，就像手表里某个零件坏了，手表就走不准了。那么给小天修修，小天就会好吧？如果是，那为什么不带他去修呢？

小天经历过一次走丢事件，从那之后他就几乎没有来过。他一大早出去，到了中午还没回来。所有人顶着夏日正午的毒太阳，在乡村的大街小巷焦急地寻找。陈奶奶在家里如坐针毡，拳头攥得紧紧的，像攥着自己的心。那时刚好有智障人士被拐卖到小黑窑做工或被卖掉器官的新闻报道。我又一次感受到直抵咽喉的危险气息，只不过这次来自于小天。他多像是一张纸啊，随风飘动不留痕迹，即使是落地了，也不会给人一点儿讯息。他于这个世界无害，却那么脆弱易受伤害。上天，这不公平。幸好后来，小天自己走回来了，他不知道他的"出游"给大家带来多么深的焦虑，他不知道所谓的"脆弱"和"危险"。他果然有自己的一个世界，里面只有纯净的白。

164

我上初中时，在一节生物课上，情绪激动了好久。我第一次接触到一个遗传病名，并通过相关描述和图片迅速将其与小天建立上联系。原来，小天奇怪的容貌、傻乎乎的举止都是因为他是二十一三体综合征患者。我像个士兵得到了一件新型武器，回家后迫不及待地和妈妈分享。谁知，妈妈只是轻轻地"哦"了一声，就继续忙她的事情。我瞬间泄了气——得到了武器，却不知道如何使用，上不了战场，注定是一堆无用的废铁。我呆呆地回到书桌前，翻开课本，不由自主地念出声来："二十一三体综合征又称先天性愚型，患者智力低下，面容特殊……易感呼吸道疾病、心脏病……"

小天给我的记忆是短暂的，也许连他的生命也是短暂的，一如稍纵即逝的夏天。不是每个夏天都有他的存在，可是夏天每年都会到来，关于他的记忆将永存。

每次回忆起小天，我都会在心里轻轻地而又郑重地宣告：每个人都是有缺陷的，但每个人，都有被平等对待和追求幸福的权利。

蝉鸣细细又勾勒出初见的那个夏天。

小天吸了一口糖水，咧开嘴对我笑。

"真傻。"我嘀咕了一声，转过身。

榕树掉下一粒树籽，发出清脆的声响。

只为了那一眼蔚蓝色的海

一只猫的流浪

游 弋

1

大福是一只猫，一只流浪猫，在人们的撵骂声中苟且偷生，饿了就去垃圾堆里翻翻或者跟流浪汉抢抢食物，困了就在草丛堆里眯一觉，居无定所。

没有人知道大福从哪里来，它的主人是谁，只知道它叫大福，因为它脖子上的铃铛刻着这两字。这铃铛大福很小时就一直戴着，现在大福长大了一点儿，系着铃铛的红丝带显得紧了，跑起来再没有铃铛清脆的响声，取而代之的是那种被压抑得紧的声音。

大福其实是只很漂亮的猫，毛发雪白发亮，而且很光滑，只在耳朵和四只爪子尖上长了一小撮黑色的绒毛，更显俏皮可爱。但因长期过着颠沛流离的生活，大福浑身脏兮兮的，背上还粘着一块口香糖，右前爪上有一条疤，那是一个醉酒的男人留下来的。那天晚上，大福正在垃圾堆里找吃的，它饿了一天了，突然一个满身酒气的男人一把抓住它后颈，将它提了起来。大福害怕极了，喵喵乱叫，拼命地挣扎，猫爪子四处挥舞，将男人的手腕划出了几道血痕。男人被激怒，从口袋里掏出了把小刀，大福挣扎得更厉害了，小刀划过它右爪时，巨大的疼痛让大福狠狠咬了男人一口，男人下意识地松了手，大福乘机逃跑，捡回一条命，但右爪的伤痕就一直伴随着大福。

日子就这么一天一天地过去，大福每天吃饱饭后除了敞开肚皮躺草地上晒太阳之外，最喜欢的就是趴在路边的灌木丛旁，听那个流浪歌手唱歌，反正猫听歌又不用给钱，不听白不听。那个人唱得真不错，连大福这种流浪猫都陶醉其中，听得直打瞌睡，有次险些栽下台阶，是那个流浪歌手及时将它拉了回来，否则大福的脑袋早就磕出脑震荡了。那人真好，大福想。大福跟那个人成了朋友，流浪猫跟流浪歌手。

流浪歌手吃饭时会给大福一小团饭团让它慢慢啃，流浪歌手有时会望着天空的云发呆，大福也跟着看，但它想不明白那些个云有什么好看的，我洗干净了也跟云一样白啊。大福挠挠脑袋，转眼喵喵地跑去抓蝴蝶了。流浪歌手这时会微微笑起来。他笑起来真好看，大福想。有一次，流浪歌手起了兴致，单独给大福唱了首歌，大福不知道那首歌叫什么，但很好听，把大福高兴得连着几天都在蹦跶，喵喵地叫。

流浪歌手有时来，有时不来，不定时，连大福都不知道他今天会不会出现。虽然它是只流浪猫，跟流浪歌手却有相通之处——都是流浪者。但它不懂他，他真不是个合格的流浪者，大福想。大福最近是想太多了，例如流浪歌手抱着吉他唱歌时就像个落魄贵族啊为什么它也在流浪就没有那种气质呢；流浪歌手走路姿势真好看，为什么它走起来就像个小丑诸如此类的。大福抑郁了，它开始琢磨走路姿势和仪容，每天起早摸黑地练习，活像《卖花女》里面的女主角，只不过一个是自愿的一个是被强迫的而已。

但就在它练得有点儿起色时，流浪歌手告诉它，他要走了，要去别的地方流浪。大福愣住了，它没想过有一天流浪歌手会离开，虽然他有时会消失个三五天不出现，但也总会等到他回来。大福瞬间抛弃了仪容什么的，撒泼一样咬住流浪歌手的裤管不让他走，流浪歌手笑笑，摸了摸大福的头，扳开大福的爪子和牙齿，转身走了。大福紧追着载着流浪歌手的公交车，脖子上的铃铛因身体的运动发出暗哑的声音，像是在哭泣。奈何它的四只小短腿没有车子的四个轮子快，不一会儿大福就跟丢了，最后看到的是流浪歌手朝它挥了挥手，公交车转个弯就不见了。

大福呆坐在马路中央，对嘈杂的汽车喇叭声置之不理，好一会儿才拖着身体离开。大福很伤心，流浪歌手不要它，自己一个人走了，它以为流浪歌手会有一点儿喜欢它的，但他就这么抛下自己走了。清晨的太阳还很温柔，像在安慰大福，大福抬头望了望天，晴空万里，蔚蓝如海，明明是那么好的天，怎么会有分离呢？大福不懂，它也不想去弄懂，因为它决定了，它要跟着流浪歌手去流浪，做一只真正的流浪猫。

大福跑去拿自己的行李—— 一条干巴巴的咸鱼。那是流浪歌手送给它的，鱼头已经没了，只剩下鱼身和鱼尾藕断丝连。大福一直没舍得吃，宝贝似的收着，它也不知道什么时候会吃，就一直收着。大福叼着咸鱼，往流浪歌手离开的方向跑去。

大福离开了小镇，独自一猫，哦，不对，还有半条鱼，踏上了流浪的旅途。

大福醒来时发现自己在一个很漂亮的房间里，房间的壁纸是常春藤式的，那些藤蔓画得跟真的似的。大福没见过常春藤，它只见过爬山虎。小镇上有一间倒塌了的泥屋，通常没人去那儿，爬山虎最喜欢这种地方了，所以拼了命地长，不到一年就将泥屋覆盖了一层油油的绿色，大福很喜欢去那儿玩，常常玩到忘了时间。大福晃了晃脑袋，继续观察房间，屋顶上有一盏很大的灯，跟大福平时在小镇偷偷跑进别人家里看到的很不一样。那盏灯是玻璃做的，散发出柔和的光，很温馨，也很闪。

大福饿了，在观察完房间后它终于意识到自己饿了。舔舔嘴巴，好像有点儿不对劲儿。鱼？它的鱼呢？大福喵喵叫起来，满屋子乱跑找它的鱼。

大福更伤心了，流浪歌手不要它，连他送的鱼也被它弄丢了。

抱大福回家的是个小女孩儿，大福在小女孩儿坐的车前晕倒，吓了小女孩儿一跳，急忙送去兽医院，结果大福只是太累睡着了而已。大福也忘了它走了多久，好久了吧。

大福还是一副脏兮兮的模样，小女孩儿要帮它洗澡，大福死活不肯，满屋子乱窜，最后逮着机会趁小女孩儿不注意逃了出去，连鱼干也不要了。

以前不是没有人想要收养大福，大福都逃了出来，因为他们都要帮大福洗澡，他们嫌大福脏。但大福怕水。

有一年大福出去找吃的时候跟一只大黑狗打了起来，小小的大福根本不是大黑狗的对手，很轻松就被大黑狗拱进了池塘里。大福在池塘里扑腾着，眼看就要没入水中了，幸好那个池塘是公园里的，有人在划船，船上的人救了大福。从此大福对水敬而远之，总是离池塘远远的。

坐在马路边，看着面前的车水马龙和高楼的五彩霓虹，大福突然想起，自己是要去流浪的。

大福站起来，一溜烟儿跑了个没影儿。

大福流浪了两年。

这两年里，大福到过很多地方，见过很多种人，看过很多件事。

大福去过穷乡僻壤，那里的人很单纯，有些还很贫困；大福也去过国际都市，那里的人有很多种，大福看到在金碧辉煌的大酒店里人们推杯换盏，歌舞升平，也看到过想在城市里站稳脚跟的年轻人，每天朝九晚五；大福看到过鹤发童颜的老人带着疼爱的孙子孙女在公园里散步，也看到过老态龙钟的孤独老人在养老院门口翘首盼望儿女来探望自己……

大福在一个很美丽的地方遇见了自己的爱情。

那是个黄色毛发的可爱小母猫，很胆小，蜷缩在主人怀中。但小母猫很活泼，它喜欢在主人的脚边玩躲猫猫，让主人抓它不住，它也很喜欢跟主人撒娇。

这是大福远远观察到的，大福喜欢小母猫，很喜欢。但它知道小母猫肯定看不上浑身脏兮兮的自己，而且，它还要流浪。所以，大福在离开前深情地望了它好几眼，然后继续流浪。

自始至终，小母猫都不知道自己曾被如此深地爱过。

我是在一个公园里看到大福的，那时，大福已经奄奄一息。猫的寿命很短，是不能与人类相比较的。大福的眼睛很清亮，直到它闭上眼。

我将大福葬在了爬满爬山虎的泥屋底下，恍惚间，好像还可以看到大福挥着爪子在扑蝴蝶……